妙语人生

教师口语与普通话训练

臧国铭　罗　晨　著

谢　菁　绘

北京交通大学出版社

·北京·

图书在版编目（CIP）数据

妙语人生：教师口语与普通话训练 / 臧国铭，罗晨著；谢菁绘 .—北京：北京交通大学出版社，2022.8

ISBN 978-7-5121-4575-7

Ⅰ.①妙… Ⅱ.①臧… ②罗… ③谢… Ⅲ.①普通话-口语-高等师范院校-教材 Ⅳ.①H193.2

中国版本图书馆 CIP 数据核字（2021）第 200269 号

妙语人生——教师口语与普通话训练
MIAOYU RENSHENG——JIAOSHI KOUYU YU PUTONGHUA XUNLIAN

责任编辑：张娟娟
出版发行：北京交通大学出版社　　电话：010-51686414　　http：//www.bjtup.com.cn
地　　址：北京市海淀区高梁桥斜街 44 号　　邮编：100044
印 刷 者：北京鑫海金澳胶印有限公司
经　　销：全国新华书店
开　　本：185 mm×260 mm　　印张：12.75　　字数：257 千字
版 印 次：2022 年 8 月第 1 版　　2022 年 8 月第 1 次印刷
定　　价：49.00 元

本书如有质量问题，请向北京交通大学出版社质监组反映。对您的意见和批评，我们表示欢迎和感谢。
投诉电话：010-51686043，51686008；传真：010-62225406；E-mail：press@bjtup.edu.cn。

不得不说

妙语人生，畅谈古今，是我们许多人渴望达到的境界。
有些人孜孜以求，勤学苦练，终至一鸣惊人。
有些人欲言又止，欲语还羞，可惜未得偿所愿。
人生需要妙语，妙语成就人生。

人总要学会长大，长大的标志之一就是学会说话。
学说话比较容易，学会说话着实不易。
小时候说话轻松愉快，有胆量即可，想说什么就可以说什么。
长大后说话顾虑重重，有水平才行，所说的不一定是想说的。

有时候想说却不能说，不想说却不得不说，人们说这就是成长。
有时候很想说却不知说些什么，想说却什么也说不清楚，这是成长的烦恼。
该说不敢说，想说不会说，说了后悔说，你说我咋说?
该说就说呀，想说就说呗，只要敢说常说，一定能说对说好。

不得不说，不说不得，不得说不，得说!

前　言

这不是一本心灵鸡汤式的怡情之作，也不是一本洞悉世事的厚黑之作。这是一本口语训练之书，阅读本书将是一段求学问道之旅。

我是一名教师，以教书为业，以育人为责。

非常感谢你阅读本书，是你的选择让我感受到了存在的价值与意义，证明了我是一个对社会有用的人。按照马斯洛的需求层次理论，被人需要是自我价值实现的最高层次，每个人都不希望被轻视或漠视，都不希望自己的存在如同不存在，而证明自己存在的重要方式之一便是说话。如果一个人说话没人听，没人爱听，肯定是没有多少存在感的。我们以一声啼哭宣示降临，在众人的悲泣中归去，总之不愿悄无声息。古往今来，概莫能外。若是谁在朋友圈发了消息却无人关注，是不是会很难过、很气愤：为什么没人理我？我得罪谁了？你们当我不存在吗？还是不是朋友？是朋友就赶快点赞！不是朋友就交个朋友嘛！

当然，话不是想说就说的，不是说了就有人听的。我非常珍惜这次说话的机会，我会努力说得简洁、透彻、生动、实用，我的目标是希望你能够听我从头说到尾，也就是希望你能够耐心地将本书看完，并能按照我说的做一些练习。我希望你能听我的、信我的，我所说的是我二十多年教学生涯的总结与感悟，我希望能够有更多的人说得更好，更好地说给更多的人听。

同时，我更要由衷地敬佩你能够阅读本书，这证明你是一位热爱学习、热爱生活的人，你已经意识到了口语表达的重要性与紧迫性。想必你也有这样的感受：口才是我们获得快乐人生、事业成功的重要阶梯。那就让我们一起努力，搭建好口才的阶梯，为快乐人生、事业成功助力加油！更期盼你能够积极地完成本书中的各项训练！

或许有人说，说话有什么难的，张张嘴而已，从小到大说话无数，但这无数的话语有多少值得回味？我们何时何地都能张嘴即言吗？《演讲与口才》《教师口语》等课程颇受大学生的青睐，既说明了“语出”不易，“妙”更不易的现实，也说明了对“妙语”的广泛需求。

“妙语”分为两个层次。

第一层次是实现想说就能说，该说就敢说，说的能让人听懂，追求的是有话可说，勇于发声，表意清晰。

第二层次是实现想说就能说好，该说就能巧说，说的能产生效果，追求的是语惊四座、言动八方，达到声情并茂、鞭辟入里的境界。

第一层次是我们生存的技能，是人际沟通的基本需求；第二层次是个人价值的更高体现，是更高程度的自我满足，于人于己皆为幸事。所谓“听君一席话，胜读十年书”，对于说者和听者都是一种愉悦的精神享受。

实现第一层次的目标并不难，只要我们拿出点时间，豁出点胆量，掌握一些技巧，养成一些习惯，便可以完成沟通交流的任务。

若第一层次的目标实现了，则实现第二层次的目标也就不难了，只是时间、实践、积累、机缘的问题了。

人生妙语成就妙语人生。如果你对口语表达有兴趣、有需求，不妨跟随我一起进行一些简单、有趣的理论知识学习与实践练习。

来吧，还等什么，就是现在，让我们开始口语表达专项提高吧！

我只有一个小小的请求：**不抛弃、不放弃。**

【准备】 请准备一支笔、一个本子，以便随时进行训练。如果你有读书批注的习惯，有些内容也可在书的空白处批注。

【游戏】 前言-01　成语填空

你也可以设计几个类似的成语填空,发到邮箱 myrs2019@163.com。

说		道	
说		道	
说		道	
说		道	

	一		二
	三		四
	五		六
	七		八

百			辩
千			指
万			喑
众			金

上		若	
	高		远
滴		穿	
	到		成

目　录

第一章　励志明理

《曹刿论战》：“夫战，勇气也。”

当笃信能够成功的时候，人们才有足够的毅力去实现目标。有信心是好的开始，好的开始就成功了一半。我选择撰写这本书，一方面源于二十多年的教学实践，另一方面源于我认为可以借鉴微格教学的方法，以小步训练的方式提高人们的口语表达水平。我坚信这样做可行、值得，便坚定地做下去了，至于最终效果，由你判定，也请把你的感受告知我。

世上无难事，只怕有心人。既然选择了《妙语人生》，就不要轻言放弃。说话很容易，只要你想说；口才可以有，只要你肯练。纵览古今，没有人能随随便便成功，所有的成功，起始点无非是一个“志”字，成功始于立志。

人生最终的价值在于觉醒和思考，而不只在于生存。——亚里士多德

语言是思想的父母，而不是思想的产儿。——王尔德

语言是存在的家园，人类在这个家园里诗意地栖息。——海德格尔

【请求】 你在想什么？请写下来好吗？

【游戏】1-01　成语填空

请你也设计几个类似的成语填空。

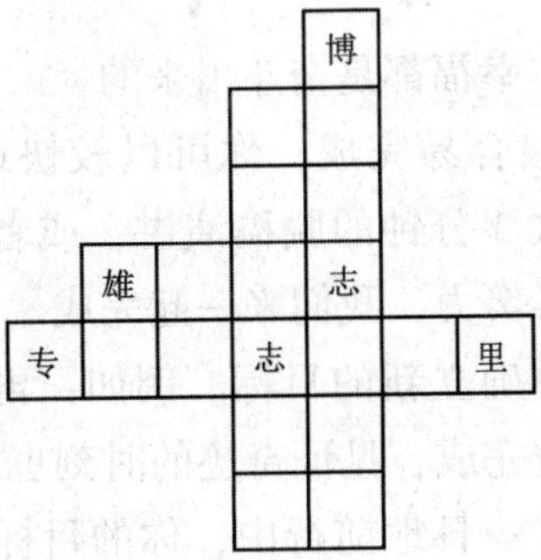

第一节　成功始于立志

【请求】请你合上书，拿起笔，想一想，在 1 分钟内写下你在口语表达方面想达到的目标。

你的目标：

____

____

请记住这个目标，这将是我们接下来一段时间内的奋斗目标。

如果你的目标很远大，想成为全国知名的教育家、演说家、政治家、企业家，不必担心无法实现，不要忧思此生无望，要坚信美好的日子终将会到来，一切皆有可能。

不是所有人的理想都能变成现实，但变成现实的都源于曾经的理想。有句话说得非常好：但行好事，莫问前程。我们不要把精力浪费在能否成功的疑虑上，只需坚定踏实地向前迈好每一步，每向前一步便离成功更近一步。骐骥一跃，不能十步；驽马十驾，功在不舍。

诚如习近平总书记所言：幸福都是奋斗出来的。

如果你的目标很小，就很容易完成，你可以较快地享受到成功的喜悦。例如：你的目标是能够在班里做一次 3 分钟的脱稿演讲，或者能够给朋友讲一个有趣的笑话，这样的目标很务实，值得努力，我们来一起完成。

当这个小目标被完成后再确立新的目标。例如：再做一次演讲或再参加一次比赛。当一个个小目标不断地被完成，见证奇迹的时刻也就到了！

你会欣喜地发现，在日复一日地前行中，你的目标不再渺小，你离“伟大”越来越近。蓦然回首，你会发现自己正站在亲手种植的果园中，享受着硕果飘香的喜悦与幸福。

若你还有一丝犹疑，也属正常，因为你还没有坚信这句话：天生我材必有用！

> **提示：** 若你的班级有课前演讲训练，请一定尝试脱稿演讲，不要担心说不全、说不好，在你没说之前没有人知道你想说什么，他们听到的就是你想说的。所以，一定要尽量脱稿演讲，这样能更好地训练思维，如果照稿念，就失去了锻炼的机会。

一、天生我材

【请问】你的口才等级：1. 优秀 2. 良好 3. 中等 4. 及格 5. 不及格

【请求】请按照下面的格式，在本子上记录下你对自己的评判等级。

______年______月______日，我认为自己的口才等级是：______

（一）认识自己

不要有顾虑，只管将真实情况写下来好了。如果你认为自己的口才等级是“优秀”，就面带微笑地写下“优秀”二字，我们要勇于向世人宣告：在这方面，我是优秀的。

这在求职面试乃至工作中都是非常重要的，有能力就要有担当，能胜任就要敢主动，要学毛遂自荐，不要总是被动地接受任务，不要养成先环顾左右然后举手的习惯，机遇往往就在观望迟疑中落在了别人的头上，谁先出手谁获先机。

这个时代拼的是速度，至于究竟谁更适合，是领导决策的问题，不是我们应顾虑的，我们只需告诉领导我们的优势。

当然，这需要我们能够正确客观地评判自己的能力，切忌夜郎自大、纸上谈兵，切记实干兴邦！

【请求】请趣味讲解夜郎自大、纸上谈兵的典故。

如果你认为自己的口才等级是“及格”或是“不及格”，也不要自惭形秽，面带微笑郑重地写下来好了。这是现状，不是未来，人非生而知之。

接下来，我们要做的是订一个期限，一周、一个月、一学期、一年，将口才等级提高一个层级。我们需要认真地审视自己，看看自己能拿出多少时间、精力投入到口语表达的训练上。若是时间比较充裕，那就订一个月好了，一个月就会有较大提高的。

其实，无论什么等级都只代表现在，而无法说明未来，未来有无限可能，历史已经充分证明了这一点。苏秦、张仪、德摩斯梯尼、林肯、马克·吐温、丘吉尔、撒切尔夫人、卡耐基等，当年都和我们没有什么区别，在众人面前，他们也是笨嘴拙舌的。但是，他们成功了。为什么呢？因为他们坚信天生我材必有用，他们坚信：**我行，我行，我能行！**

有两句名言，我很欣赏：

> 当一个人感到有一种力量推动他去翱翔时，他是决不应该去爬行的。
>
> ——海伦·凯勒

一个人追求的目标越高，他的才能就发展得越快，对社会就越有益。

——高尔基

【请求】 掩卷而思，说一说、写一写你对这两句话的感悟。

你感觉到有一种力量正推动你去翱翔吗？

你是在飞翔还是在准备飞翔？

你在哪儿？要去哪儿？

感　悟

人类作为世间万物的领导者，最具有智慧，我们总该有些理想，有些远大的理想。

世界上没有两片完全相同的树叶，没有可以复制的人生，每个人都是独立存在的生命个体，都拥有不同于他人的特质与禀赋，我们不应该妄自尊大，但我们必须懂得自我欣赏，成功源于自信，我们有足够的理由坚信：**天生我材必有用！**

【请求】 说说有关“飞天”的话题吧。

如果你正给6岁的小侄儿讲《飞天》的故事，他突然问你：“你想‘上天’吗？你什么时候‘上天’呢？”你会怎么回答？

【游戏】1–02　短句填空

请把下面这段话补充完整。

我的未来不是________，我认真地过________。这是一句歌词，更是一种________。生命的辉煌在于日复一日的________。既然选准了方向，那就________，每向前一步，便离________更近了一步。

（二）介绍自己

请用 1 分钟说说自己的优点、特长，最好是对着镜子说。拿起笔，在本子上写几句吧，会用得上的。这一生我们要面临很多场合，需要不断地介绍自己、推销自己。当然，时变词亦变，但有些核心要素是不会变的，到时可举一反三。来吧！写一写，说一说！

写好了吗？请面对镜子，开始你的演讲，计时 1 分钟。

如果演讲有困难，感觉一时半会儿不知从何说起，那么请你参照以下步骤进行准备：

①**问候语**（10字以内）：例如，嘿，大家好！

②**导入语**（20字以内）：说些自谦或过渡性的话语。

③**正文**（150字以内）：可以以**性格、经历、态度、爱好**等为切入点，引申出自己的优点与特长。例如：

性格：开朗、活泼，或内敛、文静，可引申出做事迅速、高效，或细致、稳妥，可简短举个小事例。不论什么性格都要突出表达自己具备协作意识与合作精神。

经历：舞蹈、乐器、书法、美术、武术等方面的学习经历，可引申出自己所具备的特长，注意莫炫耀，重点说通过这些学习培养了毅力、提高了素养、开阔了视野等。

态度：如果没有获过奖，那就从做人、做事方面入手。为人乐观豁达、积极向上，做事认真负责、精益求精，待人真诚友善、助人为乐等。请注意，好的心态也是重要优点，可突出表达自己对人生、事业、情感的正能量感悟。

爱好：读书、跑步、朗诵、书法、画画、摄影、志愿服务等，爱好没有高低贵贱之分，关键看能否怡情养性、利己利人，重点不在于具体的爱好本身，而在于表达出爱好所反映的品性、素养，归结为知性、乐观、敬业、爱国等，从而体现出爱好的价值。

④**结束语**（50字以内）：说些具有哲理，或激励、自谦的话。

按照1分钟250字左右的语速，这样的演讲思路应该可以让你自如地说上一通了，你觉得呢？试一试吧。

【请求】合上书，请按照这样的方式说一说。

问候语—导入语—性格—经历—态度—爱好—结束语

来吧，趁热打铁，请将你的演讲内容写在准备好的本子上，写完后一定要进行演讲实践哦。

提示：

古人学问无遗力，少壮功夫老始成。纸上得来终觉浅，绝知此事要躬行。《冬夜读书示子聿》——［宋］陆游

（三）相信自己

有这样一句话想必大家都知道，“三人行，必有我师焉”，这句话告诉我们要谦虚，要常看到别人的长处，多学习别人的优点。那么，我们是不是也可以从另一个角度来理解这句话呢？

所谓“三人行，必有我师焉”，也可以理解为“**三人行，我必为师**”，因为我也是三个人中的一个嘛，**他为我师，我亦可为他师啊。**

事实也的确如此，没有十全十美的人，也没有一无是处的人。每个人都有自己的优点与缺点，关键在于我们是否能够扬长避短，在成长的过程中找到自己的优势，发挥自己的特长。

有的人总是过于谦虚，总认为自己这个不行、那个不行。谦虚使人进步，但过度谦虚则会影响人的进步，还可能导致自卑。我们不可能让所有人都用敬佩的目光注视我们，但我们可以永远用自信的眼神关照自己，就像那首歌所唱：

相信自己

多少次挥汗如雨 伤痛曾填满记忆
只因为始终相信 去拼搏才能胜利
总是在鼓舞自己 要成功就得努力
热血在赛场沸腾 巨人在东方升起
相信自己 你将赢得胜利 创造奇迹
相信自己 梦想在你手中 这是你的天地
相信自己 你将超越极限 超越自己
相信自己 当这一切过去 你们将是第一
相信自己

相信自己！

无论我们做什么事，首要的一点都是要有信心，只有坚信我能行，事情才有可能做成功。所谓天助自助之人，如果我们连自己都不相信，还有谁能相信我们呢？

没有所谓的命运，只有不同的选择。

自信是口才的基础，首先要敢于发声、勇于表达，然后才是善于交谈、巧于辞令。所以，如果你想拥有好口才，就要有必胜的信心、顽强的毅力，要永远坚信：天生我材必有用。

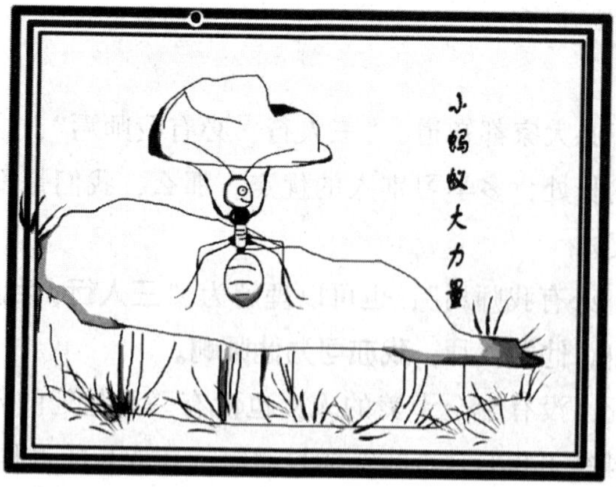

来吧，跟我一起大声地喊出来：“天生我材必有用，千金易得我难求！”
哦，请大点声，喊出来：“天生我材必有用，千金易得我难求！”
重要的事情说三遍，一起来：“天生我材必有用，千金易得我难求！”

二、有志者事竟成

> **提示：**
> 罗森塔尔效应：即皮格马利翁效应，美国著名心理学家罗森塔尔和雅格布森在小学教学中通过验证提出，暗示在本质上是人的情感和观念会不同程度地受到别人下意识的影响。热诚的期盼铸就伟大的人生。

爱默生说过，“无热诚即无伟大”。

这不只是一句文学修辞，更是一个通往成功的航标。

实践是检验真理的唯一标准。还记得皮格马利翁吗？如果说那是希腊神话并不真实可信，那么罗森塔尔效应真真切切地验证了热诚的期盼铸就伟大的人生。

天生我材必有用是客观事实，但并不意味着所有人都能心想事成，都会实现自己的理想。为什么呢？

因为幸福不是毛毛雨，不会自己从天上掉下来。要想成功，要想实现自己的理想，需要我们一步一个脚印，一天一天地努力才能实现。所谓“龙生龙凤生凤”，没错，但如果不学习知识、不培养技能，那么龙就只能像蛇一样爬行，无法腾云驾雾、翻江倒海，凤就只能像鸡一样蹦跳，无法得到百鸟的尊敬与朝拜。

（一）人各有志

其实，我们每个人都有或大或小的志向，有的轰轰烈烈，有的平平淡淡，我们都曾为想要的人生而努力奋斗过。每个人都应有力争上游的志向，但不必苛求每个人都能屹立潮头。人各有志，量力而行。

“故天将降大任于是人也，必先苦其心志，劳其筋骨，饿其体肤，空乏其身，行拂乱其所为，所以动心忍性，曾益其所不能”。其实，我们每个人都用自己的人生诠释了这句话的深刻内涵。在“生活”这件事上，我们都是成功者——生下来，活下去，我们每个人都做到了，这是不容易的。或许，有人会问："活着有什么难的?"看看那些长年挣扎在生死边缘的战乱国家的百姓，想想地球上那些仍在忍饥挨饿的贫困人口，我只想强调生命的可贵、生活的不易。

恐怕很多同学都有过这样的想法：唉，要是我再努力一点儿就不会来到这个"破"学校了。是的，想法没错，如果你再劳一劳筋骨，饿一饿体肤，乏一乏身，忍一忍性，那么你就有可能考到更好的学校。但作为老师，我还是得奉上我内心无比的崇拜，你是伟大的，是值得尊敬的，你成功地跨越了求学路上最艰辛的征程——高考。虽然现在的学校不是你的最好选择，但如果你不曾劳筋骨、饿体肤，或许你连这里也来不了。我国的高等教育毛入学率已超过50%，还有不到50%的适龄人口没能上大学，而且，你现在就读的大学也并非一无是处，有多少同学还羡慕你能考进现在的大学呢！

珍惜当下，憧憬未来！我们永远不要纠结于当下起点的高低，我们需要关注的是不断垫高脚下的平台。当你站在高处被众人仰望的时候，没有人会耻笑你曾经的起点，而起点越低越会增加人们对你的敬仰之情。

（二）志在必得

志向不是说的，而是做的。志向不是一天就可以立下的，而是在日复一日的行动中立住的。心中有志，行必有得。人生有目标、有志向，为实现目标而矢志不渝，则必有所得，得偿所愿。

有一句话经常被人们提起：有志之人立常志，无志之人常立志。这句话说的就是一旦我们选准了方向，就要锲而不舍地努力去做，而不是光说不练地"常立志"。就像一个人问另一个人戒烟了吗？后者回答：戒了，已经戒了100多次了。马克·吐温曾说："戒烟是世界上最简单的事，我至少戒过3 000次。"

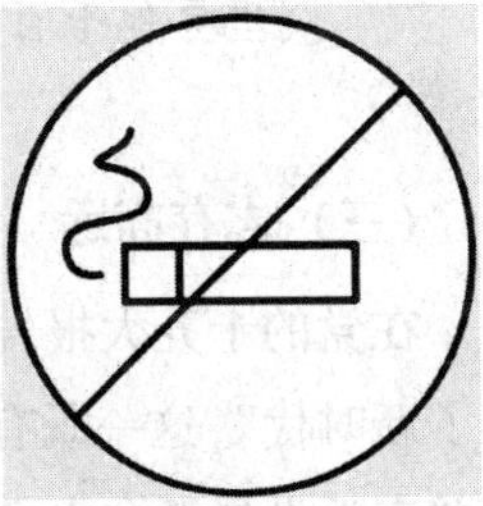

【请求】谈谈你对吸烟的态度，你认为吸烟的人会越来越少吗？

为什么有人要"常立志"呢？除了缺乏毅力，或许还有一个原因是信心不足。没有信心便会志不坚或志不在。有志者事竟成，句中深意是终将会成功，而不是立刻会成功。如果志向能轻而易举地实现，也就不需要立志了。从想要实现到能够实现需要一个时间跨度，需要我们付出艰辛的汗水，一点点地向成功迈进。成功是优点的发展，失败是缺点的累积。有信心不一定会赢，但没有信心一定会输。

回眸过往，我们努力了，我们奋斗了，我们的人生翻开了崭新的一页，还有更高的目标等待我们去实现。

孙中山先生说过：革命尚未成功，同志仍须努力。

学习没有终点，每一天都是新的起点，我们要夯实基础，蓄势待发。

国学大师王国维在《人间词话》中说，古今之成大事业、大学问者，必经过三重境界：

第一境界：昨夜西风凋碧树，独上高楼，望尽天涯路。

第二境界：衣带渐宽终不悔，为伊消得人憔悴。

第三境界：众里寻他千百度，蓦然回首，那人却在，灯火阑珊处。

第一境界说的是：人生要有奋斗目标，目标要有价值，有价值的目标需要站位较高方能确定。所谓“嗟乎，燕雀安知鸿鹄之志哉”。

第二境界说的是：实现奋斗目标需要坚如磐石的意志，要持之以恒，否则难以面对奋斗征程的漫长和艰辛。所谓“路漫漫其修远兮，吾将上下而求索”。

第三境界说的是：要上下求索，方有蓦然的顿悟和最终的收获。所谓“有志者事竟成，破釜沉舟，百二秦关终属楚”。

三句词道破人生路：**起初的迷惘、继而的执着和最终的顿悟**。成功之道，绝无二法。

【游戏】1-03　诗词连线

诗词是提升口才的经典素材，平时需要积累并加以利用。

昨夜西风凋碧树	晏　殊	《蝶恋花》	槛菊愁烟兰泣露
衣带渐宽终不悔	辛弃疾	《青玉案·元夕》	伫倚危楼风细细
众里寻他千百度	柳　永	《蝶恋花》	东风夜放花千树

（三）志存高远

在党的十九大报告中，习近平总书记高瞻远瞩地提出了“中国特色社会主义进入了新时代”这一既有世界观又有方法论的重大判断，指出“这个新时代，是我国日益走近世界舞台中央、不断为人类作出更大贡献的时代”。

国家强盛依靠的不是一个人、一群人，而是全国人民的众志成城、万众一心，你我责无旁贷。

一个民族、一个国家强盛的基础源于青少年的自强不息。诚如梁启超先生《少年中国说》所言，“少年强则国强”“少年雄于地球，则国雄于地球”。

伟大领袖毛主席说过：“世界是你们的，也是我们的，但是归根结底是你们的。你们青年人朝气蓬勃，正在兴旺时期，好像早晨八九点钟的太阳。希望寄托在你们身上。”

同学们，如果我们不能闻鸡起舞、立志强国，而选择白日昏睡、夜战网吧，那么我们的中国梦如何实现？

雄关漫道真如铁，而今迈步从头越。相信吧，只要我们有信心、有恒心、有耐心，就一定能够实现壮志，也能不断提高我们的口语表达能力。几千年的人类文明史，无数成功人士的奋斗历程，都告诉我们这样一个事实：**有志者事竟成。**

【请求】 说说你的志向，你喜欢现在的专业吗？喜欢当下的状态吗？今后有什么打算？尝试着说一说吧。

（四）审时度势

当然，志向也并非是一成不变的，并不是人们想做什么就能做成什么的。

著名物理学家、诺贝尔奖获得者杨振宁先生应邀参加中央电视台的《大师讲科普》节目。他说，当初到美国留学，他一开始选择的是实验物理方向，在实验室里做了20个月的实验研究后，成果甚微，于是决定改而研究理论物理。当时他们实验室流行一个笑话：哪里有爆炸，哪里就有杨振宁。1957年，他与李政道共同提出“宇称不守恒定律”获得诺贝尔物理学奖，时年35岁。可见，像杨振宁这么优秀的人也不是想做什么就能做成什么的，而是要选准方向，方有大成。

【请求】 请说说你对杨振宁先生放弃外国国籍成为中国公民的看法。

有个寓言故事：一只小老鼠钻进了一个牛角，牛角告诉它，别往前去了，前面的路越走越窄，但小老鼠坚定地说：“不，我要勇往直前，什么困难也阻拦不了我，为了理想，我什么都不怕。”结果可想而知，小老鼠被卡住，自寻死路。

人生需要奋斗，但奋斗的方向亦需慎选，“入错行，嫁错郎”的结局是悲催的，应尽量避免。我们既要勇往直前，又要随机应变。

【请求】请发挥你的想象力，把这个寓言故事讲给小朋友听，并用手机录下来吧！

【游戏】1-04 诗词填空

诗词积累，请把下面这几句名言补充完整。

有志者事竟成，破釜沉舟，百二秦关终属楚；

____________________________________。

路漫漫其修远兮，____________________________。

问渠哪得清如许？____________________________。

请再列举一些有关励志的名言。

1. ____________________________________

2. ____________________________________

3. ____________________________________

三、预则立，不预则废

（一）成功属于有准备的人

我非常欣赏这样一段话：

我们并不缺少机会，我们只是缺少识别机会的眼光、分析机会的头脑、抓住机会的勇气和等待机会的耐心。

机会留给有准备的人。什么叫“有准备”？我想，就是要有等待机会降临的耐心，有为完成任务所做的能力储备，有为发现机会而做的思想储备，而这一切的前提是我们需要具备毅力和识别出机会的眼力。

1. 火眼金睛

千里马常有，而伯乐不常有。机会随时会有，我们却往往难以及时发现。大多数人都与机会擦肩而过，只有少数人能敏锐地发现它、抓住它。为了不错失良机，我们需要炼就一双火眼金睛。

曾有人问：如果苹果砸到头上，你会思考它为什么落下来吗？会想到万有引力吗？

我觉得我不会，我又不是牛顿。我会想怎么就掉下来一个，我会思考如何能再让它多掉下来几个。现实真的挺残酷的，机会来了，我们却不知道，没看出来，没赶上，或没敢上，于是就错过了，放弃了，我还是原来那个我。可我不想一直是这样的我，我希望有个不一样的我。

我有理想，有志气，有时间，有精力！

遗憾的是，我没有眼光，没有头脑，没有勇气，没有耐心。

机会与我一笑而过，另觅他人。

机会说：“轻轻地我走了，正如我轻轻地来，不要怪我无情，只怪你没有做好准备。”

我说：“曾经有一个绝佳的机会摆在我面前，但我没有珍惜，等到失去了才后悔莫及。尘世间最痛苦的事莫过于此。如果上天可以给我再来一次的机会，我会对它说：‘我爱你，我认识你，我了解你，我要抓住你，我可以等，我已经做好一切准备了！’如果非要在它面前许一个期限的话，我希望是永远。”

【请求】 有一个牧师在洪水来临之际相信上帝会来救他。这个故事充分说明了识别机会的重要性。请你讲一讲这个故事，用手机录下来吧。

故事梗概： 洪水来临。洪水没过了脚踝，一名警察骑摩托车来救牧师，牧师不上车，说上帝会来救他。洪水及腰时，一名救生员驾小舟来救牧师，牧师仍不上小舟。后来，洪水淹到脖子了，一架直升机飞来，垂下悬梯，飞行员喊牧师速上，牧师仍坚称上帝会来，拒不搭乘。在牧师虔诚的祷告声中，洪水淹没了他的头顶。牧师来到天堂，责问上帝。上帝一脸无奈，说：“我派了三拨人去救你，但都让你撵走了，看来你是真的很想见我呀！”

2. 持之以恒

准备需要时间、精力、耐心和勇气。坚持就是胜利。

水滴石穿的道理我们自小便知，但或许我们很多人都只将它当成一个故事，因为我们几乎没有谁会用几十年的时间去观察房檐下的一块石头。有人说现代社会讲求的是速度，速度就是效益，时间就是金钱。一些学生，尤其是大学生，常常会问老师：“为什么让我学这些？学这些知识有什么用？”老师怎么回答呢？告诉学生这些都是基础知识、基本技能，将来会有用的，会帮你“把石头滴穿”。学生求老师：

“那你还是给我一个电钻，我马上就可以把石头钻穿。”老师又会怎么说呢？告诉学生有些地方没有电，电钻就用不上了。这样回答，学生会怎么想呢？

学生的提问也显现出当下社会一些人的功利思想、浮躁心态。我们要静下心来，沉得住气，夯实基础，蓄势待发。

其实，虽然我们看不到水滴石穿的过程，但我们可以看看水中的石头，有几个尚有棱角？如果有可能，还可以溯河而上，看看源头的石头，照理应是棱角分明的。

我们都熟悉的黄土高原，曾经也是绿树成荫，而今却是风乍起，尘满面了。

这些都说明了一个道理：很多改变不是一蹴而就的。我们谁都不是传说中的哪吒，生下来就会喊“妈”（实际若按其母殷氏怀其三年多来算，哪吒说话亦不算早），但我们不都能流利地说话了吗？人学会说话，需要一个过程。

而就口才来说，只要我们勤学苦练，就一定会有收获。

机会留给有准备的人，请静下心来砥砺前行。

凡事预则立，不预则废。

【请求】 电影《流浪地球》开启了我国科幻电影的新纪元，故事发生的时间设定在 2075 年，太阳即将毁灭，人类将开启“流浪地球”计划。如果让你投票，你会支持这一计划吗？请阐述理由。

3. 蓄势待发

有了识别机会的眼光，有了等待机会出现的耐心，还需要有接受随机会而来的挑战的素养与能力。为此，我们需要下定决心，做好心理与行动上的准备。

一位渴望学习法律的青年写信向林肯求教，林肯回答：“如果你已下定决心做律师，事情就已成功一半有余。要时时记住，你自己下定的决心，比任何别的事情都重要。”

我们学习口语表达，要有信心，有目标，有规划。通过规划，细化措施，落实任务，提炼方法，形成能力。

好的开始等于成功了一半。什么是好的开始？做好（　　）[①] 就是好的开始。

1）心理准备

心理准备分为两个层次。

想说：有说话的欲望和冲动，万事开头难，难在是否有想法。

敢说：有说话的胆量和气魄，敢于发声，勇于挑战自我。

（1）想说

其实想说很容易，难的是要很想说，不说会觉得难受。

经常会听学生说与旧友畅谈古今，和新朋只言片语。这正常，也不正常，正常的是人们都这样，不正常的是不应该这样。我们不能想说才说，还要该说就说。同学相处、同事协作、同行交流，都少不了言语沟通，需要表达技巧，除少数人

① 准备

自然养成，大多数人都需要学习、摸索。

（2）敢说

这很容易，需要胆量而已，大家都有，大小有别。胆量是被现实逼出来的，与其不断陷入现实的窘境，不如自我奋进。

在培养学生的教学技能时，我总是鼓励他们多到讲台上站一站，每天到教室的时候不要径直走向座位，而是先走到讲台上，气定神闲地往下面看几秒，习惯后再说上几句。当学生对讲台不再陌生，就不会因为恐惧而无话可说了。许多技能都是凭借重复性操作获得的，语言亦如是。

我们不妨来做这样一个练习：

"尊敬的各位领导、老师，亲爱的同学们，大家晚上好！"

这是通用的晚会开场语，在实践中，或许会有同学紧张得忘词了，又把手里的提词卡拿起来看了一遍。没关系，别紧张，多喊几遍开场语就会牢牢地记住了。如果以后你观看晚会时发现主持人说这种开场语还看着提词卡，你就可以稍稍自豪地说："这还用看，还不如我呢！"

我们乘胜追击，在看完下面这段开场语后立刻放下书，凭记忆和理解说出来，语速不要快。放松，相信我，这不难。

"各位来宾，先生们、女士们，大家晚上好！欢迎来到《妙语人生》，我是主持人小勇，让我们掌声有请特邀嘉宾国铭老师。"

来吧，放下书，目视前方，大声地说出来吧！意思对了就可以，重要的是要顺畅，有激情。来吧！你说，我听！

…………

哇！漂亮！说得好！给你点个赞！

在熟练的基础上揣摩语言表达的节奏感，要表达出能够调动现场氛围的那种感觉。例如："晚上好"三个字可处理成一字一顿，后一字比前一字声音大、语调高，不要读成降调，整段表述要热情洋溢。你可以对着镜子微笑着说，说到"大家"的时候眼睛可以再睁大一些，表现出喜悦之情；说到"国铭"的时候，可以表现得更加喜悦。

【请求】 结合不同的场合，多设计一些开场语。例如：同学生日、庆功会、班会等，对着镜子说一说。给自己报一个幕，唱一首歌，朗诵一首诗，说一个笑话。

【游戏】1-05 成语连线

凿壁偷光　悬梁刺股　囊萤映雪　程门立雪　闻鸡起舞　卧薪尝胆

匡衡　车胤　孙康　孙敬　苏秦　杨时　勾践　祖逖

2）行动准备

行动准备分为两个层次。

能说：制订计划，分步实施，坚持不懈。

会说：掌握技巧，潜心研究，不断实践。

（1）能说

在心理准备充分的基础上，“能说”也就水到渠成了。比如：在多次重复练习后，开场语就可以脱口而出了。

一些同学反映有的老师讲课时“念”书，我揣度原因有二：一是不敢，二是不熟。

不敢是心理问题，**不熟**是时间问题。

讲授知识，将要传授的知识点转换成学生能够听懂的语言，用自己的话说给学生听，将书面语转化为口语，将艰深晦涩转化为通俗易懂。

我们要想“能说”，就要做好语言储备，到该说的时候将其灵活组合后表述出来，就不致有“念”书之嫌了。

所谓“台上（　　　），台下（　　　）①”也。

凡事有规划，有步骤，有坚持，方能做好。

（2）会说

“会说”是在具备基本技能的基础上达到“巧”的层次，属艺术范畴。我将“会说”的人定义为一定范围内的语言表达的优秀者。

我们暂不奢求名动（　　　），声震（　　　），可先力求在寝室、班级、学院先声夺人，（　　　　　　）②，可否？

【请求】 制订一个行动计划，要参加哪些活动，完成哪些训练，实现哪些目标。例如：要练口语，必练绕口令，制订一个计划，每天背多少个绕口令，背几遍等。此外，要多朗读，多参加各种活动。

请将口语训练计划写在下面空白处。

口语训练计划

---

① 一分钟　十年功

② 九州　寰宇　出类拔萃（所给答案不唯一）

（二）君子生非异也，善假于物也

“假舆马者，非利足也，而致千里；假舟楫者，非能水也，而绝江河。君子生非异也，善假于物也”，这是荀子《劝学》中对做人做事的精彩诠释。“善假于物”是指要善于利用媒介辅助成事，可引申为善于利用一切条件实现目标，包括好的原则、方法等。

在口语表达训练中，请大家遵循以下原则与方法。

1. 学习口语表达的原则

1）理论与实践相结合

只看不说不行，光说不看也不行，要理论与实践相结合，相互印证，相互促进。例如：即使你认真地看了这本书，若不做任何练习，也不会有多大提高。

2）循序渐进，分进合击

技能的掌握与提高需要按部就班，依次递进，不可贪功冒进，须知欲速则不达。例如：朗诵好是建立在重音、停顿、语调等较好的基本技能基础之上的，所以我们一定要在重音、停顿、语调等方面多加练习。

3）勇往直前，无所畏惧

想说就说，不想说也要说，只有不断地说，才能逐渐提高。要勇于在相关场合中发表自己的见解。

4）锲而不舍，持之以恒

改变旧的习惯需要时间，养成新的习惯也需要时间。一个人说一句好听的话不难，难的是一辈子都说好听的话。既然说一句好听的话不难，那就坚持每天说一句好听的话，锲而不舍地说上三年五载，积累了千言万语，再说时自然也就能妙语连珠了。

5）功夫在诗外

不唯一书，不唯一师，博览群书，博采众长，以众人为师，方能贵为人师，语出珠玑。

这些原则为我们梳理了口语表达训练中应注意的问题，可以概括为：**学用结合、循序渐进、勇往直前、锲而不舍、厚积薄发。**

【游戏】1–06 诗词填空

请有感情地大声朗读。

面壁十年（　　　　　　　　　　　　　　　　）。

怅寥廓，（　　　　　　　　　　　　　　　　）？

暮色苍茫（　　　　　　　　　　　　　　　　）。

会当凌绝顶，（　　　　　　　　　　　　　　）。

雄关漫道（　　　　　　　　　　　　　　　　）。

本章的教学目的是励志明理，激励大家有志向，有信心，明事理，明古今。

如果你看到这里仍没有一点行动，尚未写下一个字、说过一句话，难道你就真的要一言不发？

如果你什么都不写，什么都不说，还想要提高口语表达能力，那真是难以实现。我只能领着你进门，但接下来的“修行”可就全靠你自己了。

如果你已动笔动口，一路实践，那现在我们就说说学习口语表达的方法。

2. 学习口语表达的方法

下面介绍两个提高口语表达能力的方法。

1）重点强化训练法：找出弱项，重点突破

每个人都有长处，也各有短处。成功的人不一定每个方面都很突出，但可能每个方面都还不错。

这就是**木桶理论**，能装多少水取决于最短的那块木板。口语表达训练中可借鉴此理论，找出自己的薄弱环节，重点突破。

也许有人会说：“我哪儿都弱，没有一块板子是长的，都是小短板，不然也不会看你这本书啊。”

我能理解你的心情，但不能认同你的判断，阁下“不宜妄自菲薄，引喻失义，以塞忠谏之路也”。

没有缺点是缺点，没有优点也是优点啊，经常有同事夸奖我：“国铭，你最大的优点就是承认自己没有优点。”哈哈！

请务必牢记那句话：天生我材必有用！

【请求】 讲讲“木桶理论”吧！重在引申、感悟、喻示。

我们来看看口语表达中的一些短板：**胆小、声小、话少、情少**，哪一项是你的弱项？消灭它！

①胆小，好办！多练习就胆大了，第一次上战场谁不害怕呀，两三场战役“打”

下来就是“老兵”了，可以传授经验安慰“新兵”了。

【请求】来，我们把“短板”变“长”：立刻给久未谋面的亲人、朋友、同学打一个电话，聊一聊。

②声小，好办！喊呗，一点点往高声喊，喊个三五年声音就喊大了。如果声音还不大，好办，像导游那样随身带一个扩音器，想说话就打开，声音特别大。

【请求】如果现在周围环境允许，请大声读一首诗或唱一首歌吧！例如：“大江东去，浪淘尽，千古风流人物”。注意，要大声哦！

③话少，好办！多写点，多背点，常想点，常说点，天天讲，月月练。

【请求】请立刻写一段自我介绍及所思所想，发送到我的邮箱。一定要尽可能地多写一点。

④情少，好办！该重读的增大音量，要强调的加重语气，高兴的笑着说，伤心的苦着说，怀疑的用升调，肯定的用降调，重要的慢点说，次要的快点说，抑扬顿挫有了，感情也就有了。

【请求】请创造条件，录制一小段诗朗诵的音频，发送到我的邮箱吧。

【游戏】1-07 诗词填空

请有感情地大声朗读。

长风破浪（　　　　　　），（　　　　　　）济沧海。

仰天大笑（　　　　　　），（　　　　　　）蓬蒿人。

曾记否，（　　　　　　），（　　　　　　）。

2）情境训练法：设身处地，真情实感

情境训练法可以在真实情境或虚拟情境中进行。

实践出真知，闭门造车的思想是要不得的，请一定要多多实践，多让自己处在实战或近似实战的情境中，不要害怕失败，要不怕出丑才能光彩照人。若你正在上大学，那绝对是最佳的口语表达训练阶段，有诸多的机会，你一定要抢前抓早。平时，你可以人为地创设一些虚拟情境，多加练习。对着镜子练习，就是一种好办法。

【请求】快看看身边有没有认识的人，勇敢地走过去，选一个话题和他聊聊。如果没有聊天的对象，那就和自己聊聊，聊聊自己当下的状态和所思所想。

【游戏】1-08　成语填空

一（　）二（　）　三（　）四（　）　五（　）六（　）
七（　）八（　）　九（　）十（　）　百（　）千（　）
万（　）（　）一　千（　）（　）一　百（　）（　）一

【请求】请帮忙设计一些类似的成语填空或接龙，发送到我的邮箱。

第二节　名书竹帛

第一节我们主要解决了理想、目标、勇气、方法的问题，大家对提高口语表达能力充满了期待与信心，向世界宣称：天生我材必有用，千金易得我难求。

同时，我们也自信地承诺：我行、我行、我能行！并郑重地规划了奋斗目标，要在一个月或稍长的时间内将口语表达能力提升一个层级。这说明我们已经成功了一半，因为我们有了一个非常好的开始。

> **提示：**什么？你居然没有说？这可是通关密语！快！现在大声地喊出来：**天生我材必有用，千金易得我难求。**

【请求】下列哪一项是你的**开始**，请打“√”。

①我准备好本子和笔，随时记录，经常研读，标记重音、停顿、语调等；
②我要在 1 周内背诵 5 个以上绕口令，每天说 5 遍以上；
③我要精雕细琢《自我介绍》，没有错字，逻辑清晰，说给别人听；
④我要背诵诗歌或散文，揣摩口语表达的喜怒哀乐；
⑤我要无惧无畏，畅所欲言，不求闻达于诸侯，但求此生无悔。
你都打“√”了，给你鼓掌！
你可要说话算话，说到做到哦！

本节的内容是介绍口才发展的历史，了解一些口才佳话，重点在于我们需要达成共识——**口才很重要**。

> 说话和事业的进展有很大的关系，如果你出言不慎，或说得不恰当，那么，你将得不到人们对你的支持、帮助。
>
> ——［美］富兰克林

【请求】你觉得富兰克林说得对吗？你因为说话得罪过人，或者因别人说话难听而生气过吗？

【游戏】1-09　填空

美国成功学大师卡耐基认为：“一个人的成功，（　　）%是靠他的专业知识，（　　）%是靠他的口才交际能力。”

一、声威天下

有一个事实想必大家也都认可：事业成功，家庭幸福，不取决于智商，而取决于情商，即非智力因素。情感、兴趣、抱负、世界观等非智力因素都与语言沟通密切相关。

英国首相丘吉尔认为，一个人可以面对多少人,就代表这个人的人生成就有多大。

古人讲究“君子讷于言而敏于行”，虽然强调了实干的重要性，但也并非极力推崇一言不发，只是告诫人们不要纸上谈兵，光说不练，所以也有“三寸之舌，强于百万之师”的说法。

人的嘴巴有两大功能，一是吃饭，二是说话，要想吃好饭，先得讲好话。

语言的发明、发展，成为人类传情达意最有效的载体和媒介，成为人类认识、改造世界的有力工具和武器。古往今来，王侯将相、鸿儒巨贾、贩夫走卒，不断丰富着语言表达的理论与实践，形成了口才学。古今中外的口才家，无不注重培养自己的口语表达能力，加强自己的语言修养，从理论和实践两方面推进口才学的发展进程。可以说，人类说话的历史，就是一部探寻口语表达艺术的历史，同时也是口才学的发展史。透过历史的烟云，我们会发现，口才在政治、经济、军事、文化、外交、民生等领域发挥着举足轻重的作用，许多人因“说”成名，名扬天下。

【请求】 你想面对多少人讲话，一个班级、一个专业、一个学院、一个学校、一个城市，还是一个国家？以此为话题，写一段内心独白吧，100 个字就行。

（一）舌灿中华

中华文明，源远流长，中国是四大文明古国中唯一未曾中断历史传承的国家，言家辩士层出不穷。

1. 盘庚迁殷

盘庚是商朝的君主，为了挽救政治危机，他决定迁都至殷。在殷定都后政局稳定，诸侯来贺，商朝逐渐强盛起来。盘庚为了迁都前后做过3次演说，是目前有文献记载的最早的演说。

其中，在第二次演说中盘庚说："呜呼！今子告汝：不易！永敬大恤，无胥绝远！汝分猷念以相从，各设中于乃心。乃有不吉不迪，颠越不恭，暂遇奸宄，我乃劓殄灭之，无遗育，无俾易种于兹新邑。往哉生生！今予将试以汝迁，永建乃家。"

这一段演说的大致意思是：

我的子民们！请听我说，迁徙的计划是不会改变的！你们要有紧迫的忧患意识，不要相互疏远！你们要互帮互助，同舟共济。如果你们有谁做坏事，走歪道，胆敢违法越轨，欺诈奸邪，我会严惩不贷，直至诛灭其全族，让其无后传承，新国都里将没有其家族。走吧！去开创新的生活吧！请跟随我，迁徙到新的国都，我要为你们建立永久的家园。

这是对百姓们的训话，语气迥异于盘庚第一次演说时对大臣们的劝谏。对大臣们讲话，他是委婉的，要责怪也是点到为止，愠而不怒；对百姓们讲话，则霸气尽显，语气坚决，不容置疑叛逆，充分显示出国君的威严。

这就是口语表达中的随机应变，说话对象不同，遣词造句也就不同，语气、语调、态势等也会相应改变。盘庚可谓深谙此道。

2. 诸子百家

公元前770年至公元前221年，这500多年史称"春秋战国"，是我国由奴隶制向封建制过渡的时期。社会的发展、生产力水平的提高和社会关系的急剧变化，促进了思想的活跃和文化的繁盛，形成了名士频出、百家争鸣的局面。这一时期，口才学初具雏形。言家辩士们丰富的语言实践为口才学理论的形成奠定了坚实的基础，他们对语言的表达规律有了理性的自觉，对口才学理论进行了较为充分的论述。诸子百家不仅各有政治主张和思想体系，而且其代表人物都是能言善辩的高手，最著名的当数儒家、道家、法家、墨家、纵横家、兵家、农家、阴阳家等，他们游说、劝谏、辩论、演说、社交、讲学，许多口才佳话通过《论语》《孟子》《庄子》《老子》《左传》《春秋公羊传》《春秋谷梁传》等典籍记载并流传下来，这些语言表达的理论，奠定了我国口才学的基础。

孔子

孔子对口才重要性的理解深刻透彻，提出“言之无文，行而不远”，“质胜文则野，文胜质则史。文质彬彬，然后君子”，“一言而兴邦，一言而丧邦”等主张。他认为修辞是进德、修业、治国的大事。

孔子曾游说列国，四处宣讲自己的政治主张，后又聚徒讲学，并用“雅言”授课。雅者，正也。雅言即准确规范的话，也就是当时的普通话。孔子有弟子三千，贤人七十二，其中不乏口才犀利之士，宰予、子贡便是善言高足。孔子作为教育家，更是能言善辩，《论语》既博大精深，又言简意赅，十分生动有趣。

【游戏】1–10 打一字

词里有，诗里有，《论语》里也有，失东南西北方向。

【请求】 还记得《两小儿辩日》的故事吗？请讲给一、二年级的小学生听，讲述目的在于普及自然常识，强调谦虚好学的品质。

孟子

孟子，著名的思想家、雄辩家，常用生动的比拟说服对方，设喻说理，发人深思。《孟子·梁惠王下》记载了孟子批评齐宣王不会治国的一段对话，翻译成白话文如下。

孟　子：您有一个大臣把妻儿托付给朋友照顾，自己游楚国去了。等他回来的时候，他的妻儿都在挨饿受冻，对待这样的朋友，应该怎么办呢？

齐宣王：和他绝交。

孟　子：假如管刑罚的长官不能管理他的部下，那应该怎么办呢？

齐宣王：撤他的职。

孟　子：假如一个国家的政事处理得不像样，又该怎么办呢？

齐宣王无言以对，只得很尴尬地环顾左右，岔开话题与别人交谈。

这便是著名的（　　　　　　　）① 的典故，充分展示了孟子善于劝谏的语言艺术。

庄子

庄子以健谈和善辩著称，常与好友惠施以唇枪舌剑为乐。一次，二人游于濠梁之上，展开了一场小辩论。

庄　子：儵鱼出游从容，是鱼之乐也。

惠　子：子非鱼，安知鱼之乐？

庄　子：子非我，安知我不知鱼之乐？

惠　子：我非子，固不知子矣；子固非鱼也，子之不知鱼之乐，全矣！

庄　子：请循其本。子曰“汝安知鱼乐”云者，既已知吾知之而问我。我知之濠上也。

二人辩论，题小旨大，顶真推进。惠施力求真知，你不是鱼就不可能知道鱼的感受；庄子崇尚艺术之美，物皆有情，人鱼可换位移情，你不是我，怎知我不知。当然，庄子的话有诡辩成分。

惠施死后，庄子为失去一位辩友而惋惜，感叹说：“自夫子之死也，吾无以为质矣，吾无与言之矣。”

① “王顾左右而言他”

庄子与惠施的辩论成了一段佳话。

> 提示：
> 宋丹丹饰演“白云”，赵本山饰演“黑土”，小品带有浓郁的东北地方特色。你看下面这句著名的“白云广告语”，哪几个词应重读？
> 公鸡下蛋，下蛋公鸡，公鸡中的战斗鸡。

墨子

墨子，墨家学派的创始人，善辩，其学说被称为“墨辩学”。墨子对辩论的作用有十分精到的论述，“夫辩者，将以明是非之分，审治乱之纪，明同异之处，察名实之理，处利害，决嫌疑”。他认为辩论的作用就在于明辨是非的界限，审度治乱的纲纪，分清异同之处，明察形式和内容，以便决断利害，澄清嫌疑。这是对辩论的作用鞭辟入里的阐述。墨子不仅有这样的理论总结，也有大量的实践。

一次，墨子给弟子讲授辩论之术时，两个弟子就《多说话有没有好处》的话题争得面红耳赤、相持不下，墨子说：“蛤蟆、青蛙、苍蝇、蚊子日夜不停地叫喊，嘴巴也干了，舌头也乏了，可没能博得人们的欣赏；而雄鸡在黎明时刻只需高叫一声，天下的人都为之振奋起来，开始一天的生活和劳作。你看多说话有什么好处呢？要紧的是，话要说得切合时机呀!”

这段话运用比喻说明道理，既生动形象，又起到了明辨是非、区分异同的目的。

【请求】 请把这几个故事讲一讲吧！要讲得生动、流畅，不必纠结原文，根据核心意思讲就好了。一开始可以边看边讲，最终要能够脱稿讲。

先秦诸子

先秦诸子几乎个个能言善辩，像荀子、墨子、老子、韩非子、列子、关尹子、申子等，都有口才佳话传世。此外，还有一些不属于诸子百家的口才家，也为这个时期辩论技巧的发展作出过巨大的贡献。比如：以攻心之术巧妙说服赵太后的触龙，语出惊人辩说赵王的优孟，取喻论理说服楚襄王的庄辛，巧辩免祸的越国大夫范蠡，使楚而不辱使命的晏子，佩戴六国相印主张“合纵”的苏秦，主张“连横”帮助秦国统一天下的张仪等，可谓名士蜂起，辩说天下。

譬如，有一次张仪去游说韩王，他首先便直言不讳地指出韩国物产不丰、衣食贫瘠、兵力不足、士卒乏弱，然后又情绪激昂地对秦国的军事力量作了骇人听闻的夸张描述：

> 秦国的兵甲有一百多万，战车一千乘，骑兵一万骑。不穿盔甲，龙腾虎跃，高举戟矛上战场的勇武之士多得不可胜数。秦国的战马优良，奔腾起来，前后蹄之间达两丈多远的不可胜计。山东各国的士兵穿着盔甲打仗，秦国的士兵左手抓着生擒的俘虏，右手拿着戟矛作战。秦国的士兵与山东各国的士兵打仗，就像猛士孟贲对付懦夫，大力士乌获对付婴儿。如果秦国对付山东各国，无异于千斤重物压在鸟卵之上，鸟卵一个也不会幸存。

劝谏以现实为据，攻心为上。秦国确实比韩国实力强大，但也没强大到像张仪说的那样，他是将客观现实进行了艺术性的渲染与夸张，目的是使对方听了害怕，给对方造成巨大的心理压力，然后，再告诉对方："别怕，我不会恃强凌弱，只要你听我的，按照我说的去做，保你安然无虞。"先秦辩士的雄辩口才于此可见一斑。

可以说，从口才学的角度看，春秋战国的历史就是一部难得的口才史，也是中国口才史上的黄金时期。

【请求】假设你是张仪，规劝韩王，请把那段规劝的话演说一下，要有气势。

3. 千古流芳

在我国漫长的封建社会里，皇权专制桎梏了人们的思想，使人们不敢畅所欲言，官场上奉行"话到嘴边留半句"，民间则是"闲谈莫论国事"，文人们更多地侧重于著文立说，这对口才学的发展非常不利，让人们重视写文章却弱化演说实践，诸如："君子讷于言而敏于行"、"病从口入，祸从口出"、"言多必失"等劝诫人们慎言的话被奉为处事圭臬。虽然 2 000 多年的封建独裁统治对口才学的发展不利，但还是有很多口才大家名垂青史，如：东方朔、诸葛亮、纪晓岚等人，除却其文学成就，也以口才好而名垂千古。

东方朔

东方朔，以言词敏捷、机诡多智、察言观色、直言进谏而著称，有"滑稽之雄"的美誉。

汉武帝好大喜功，喜欢臣下歌功颂德。

一次，汉武帝问东方朔："先生以为朕是一位什么样的君主呢?"东方朔回答："圣上功德，超过三皇五帝，要不众多贤人怎么都辅佐您呢，譬如：周公旦、邵公奭（shì）都来做丞相，孔丘来做御史大夫，姜子牙来做大将军……"东方朔一口气将古代 32 个治世能臣都说成了汉武帝的大臣。他语带讽刺，但又装出一副滑稽相，让汉武帝明知被虐又不便发作，只能一笑而过，个中酸楚唯亲历者自知。

还有一次，汉武帝说看到一本《相书》上说，人中长1寸的能活到100岁，东方朔听后大笑。有官员弹劾其朝堂不敬，汉武帝也想趁机惩戒一下东方朔，责其说明缘由，不然严惩。东方朔就借此机会展开了劝谏皇上不要迷恋长生不老的诙谐论述。

东方朔："皇上，您不能怪臣，只怪您讲的笑话太好笑了，臣怎么敢笑话您呢？臣是被您给逗笑的。"

汉武帝一听，嘿，还倒打一耙，于是生气地问："哪里好笑？"

东方朔："人中好笑。"

汉武帝："人中有什么好笑的？"

东方朔："人中长1寸的能活到100岁好笑。"

汉武帝："难道不对吗？"

东方朔："臣不知，臣只是想到若说人中长1寸的就能活到100岁，那彭祖的面相可真是没法看了。"

汉武帝："这与彭祖何干？"

东方朔："据说彭祖活了800岁，按照《相书》上说的，人中长1寸的能活到100岁，那活到800岁的人中就得长8寸，彭祖的脸不得1丈多长啊！皇上，您这个笑话讲得太好笑了，臣不得不笑哇！"

汉武帝："好，看来只有你听懂了这个笑话。"

汉武帝听到东方朔说彭祖的脸得有1丈多长时开怀大笑，至于是被东方朔逗笑的，还是认为自己可笑，我们不得而知，这是民间的戏说，不一定是史实。

【请求】 ①模仿一下东方朔，揣摩那种有傲骨但又语带奉承的滑稽表达。

②有副对联，你试着念念：长长长长长长长，长长长长长长长。

贴有这副对联的是一家店铺，你知道这家店铺卖的是什么吗？

诸葛亮

《舌战群儒》的故事经过《三国演义》的精彩演绎后几近家喻户晓，是论辩史上的一段佳话。面对诸儒的诘难，诸葛亮神情自若，一一作答，是为守，然而他又不甘于只是作答，于每答后再发起攻势。

综观舌战群儒的整个过程，诸葛亮在与东吴诸儒的舌战中从容应对，逐个击破，利弊分析，有理有据，迫使“张昭并无一言回答”，“虞翻不能对”，“步骘默然无语”，“薛综满面羞惭，不能对答”，“陆绩语塞”，“严畯低头丧气不能对”，“程德枢不能对”，以致众人“尽皆失色”。诸葛亮娴熟的辩论技巧令人折服，堪称经典，虽有文学塑造之功，但“三寸之舌强于百万之兵”亦不为虚，值得我们品鉴学习。

纪晓岚

纪晓岚，名昀，清代著名学者、诗人，主持编修《四库全书》。据称，他诙谐滑稽，机敏多变，才华出众，给后世留下许多趣话，素有“风流才子”和“幽默大师”之称。但史实与民间传说存在很大差异，不妄多谈，仅从趣谈的角度欣赏其口才之趣。

一天，纪晓岚和朋友在街上看见一家小店，店里的老板娘正忙着，纪晓岚就和他的朋友打赌：“我能一句话让老板娘笑，再一句话让老板娘怒。”朋友不相信，决定以一桌酒席为赌注。于是，纪晓岚走到小店门前，对着看门狗深鞠一躬，叫道：“爹！”老板娘开怀大笑。等老板娘乐够了，纪晓岚转过身恭恭敬敬冲着老板娘叫了一声：“（　）①”顿时，老板娘勃然大怒，斥责纪晓岚混账。于是，纪晓岚赢得了一桌酒席。

一笑一怒皆因语境不同，说话要分场合，同样的话面对不同的人，在不同的场合，会产生不同的表达效果。诸生切记！

【请求】 请你放下书，讲一讲这个故事。重点在于模仿出人物的滑稽感，运用语气、停顿等技巧来展现。

4. 救亡图存

到了近代，中国的口才学有了新的发展契机——救亡图存的历史需要。

---

① 娘！

近代中国，内忧外患，列强凌辱，国无主权，民无自由。人弱被人欺，“大清王朝”护佑不了人民，人民需要被唤醒，需要先知者的呐喊。为生存而战，为尊严而战，口才承载了民族复兴的历史重任，口才学的发展势所必然。这一时期，口才学，尤其是演讲学得到了快速发展。

梁启超、严复、谭嗣同、孙中山、秋瑾、章太炎等仁人志士愤然而起，振臂高呼，著书立说，宣讲教化，开启了近代思想启蒙运动之先河。

李大钊、陈独秀、向警予、闻一多、胡适、萧楚女、恽代英、马寅初、朱自清、蔡元培、鲁迅等以笔为枪，以言为弹，宣传革命真理，传播先进文化。口才已不再是引经据典、怡情养性，它俨然是霹雳，是号角，是救亡图存的武器。先驱们启迪民智，破除愚昧，激励民众，为民族之独立富强奔走呼号，英勇奋战，彪炳史册。

毛泽东、周恩来、朱德、陈毅、邓小平、叶挺、方志敏等伟大领袖和革命先烈隽言妙语，拨云见日，丰功伟绩，震古烁今。

【请求】请记住这句话：忘记过去就意味着背叛。

孙中山

孙中山，中国民主革命的先行者，三民主义的倡导者，毕生致力于民族独立、国家富强。他说：“我辈既以担当中国改革发展为己任，虽石烂海枯，而此身尚存，此心不死。既不可以失败而灰心，亦不能以困难而缩步。精神贯注，猛力向前，应乎世界进步之潮流，合乎善长恶消之天理，则终有最后成功之一日。”他所说的那句“（　　）尚未成功，（　　　　　　　　）”①鞭策着人们不断取得新的成就，历久弥新。

萧楚女

萧楚女，我国早期无产阶级革命家、演讲家。他在重庆国立第二女子师范教书时，每天天刚亮就跑到学校后面的山上，找一处僻静的地方，把一面镜子挂在树枝上，对着镜子开始练演讲，从镜子中观察自己的表情和动作。经过这样的刻苦训练，他掌握了高超的演讲技巧，教学水平也迅速提高。1926 年，他在毛泽东主办的广州农民运动讲习所工作，其演讲深受世人推崇。（这种对镜练习的方法也很值得我们借鉴）

毛泽东

毛主席的讲话堪称经典，以逻辑严密、形象生动而著称。1957 年，他在莫斯科

① 革命　同志仍需努力

大学对中国留学生的讲话更是被人们传诵引用至今。他鼓励青年学生："世界是你们的，也是我们的，但是归根结底是你们的。你们青年人朝气蓬勃，正在兴旺时期，好像早晨八九点钟的太阳。希望寄托在你们身上。"

1949 年 10 月 1 日下午 3 时，毛主席在天安门城楼向全世界宣告："同胞们，中华人民共和国中央人民政府今天成立了!"这一声呐喊彻底结束了近代中国遭受列强欺凌的屈辱历史，中国人民从此站起来了。

5. 声名鹊起

因为新中国百废待兴，在新中国成立后的近 30 年间，口才学的发展几近停滞。

1979 年，演讲活动在上海率先兴起，口才学重装上阵，迅猛发展；

1981 年，复旦大学成立全国第一个校园演讲协会；

1982 年，上海数百万青少年开展了"振兴中华"读书演讲比赛；

1983 年，著名演讲家、演讲理论开拓者邵守义创办《演讲与口才》杂志；

1984 年，"党在我心中"全国 16 座城市演讲邀请赛举行；

1985 年，河北省举办第一届全国汉语口语教学讲习班。

1993 年，在首届"国际大专辩论会"上，复旦大学辩论队获得冠军，电视综艺节目《最强大脑》的主持人蒋昌建就是当年的最佳辩手。这是一个高层次、全方位的口语表达比赛，它不仅是口才的较量，也是知识、能力、素质的交锋。一时间，大江南北兴起了一股强劲的"辩论飓风"，口语表达艺术也由此走向了更广阔的天地。

目前，脱口秀、演讲类电视综艺节目更是极大地满足了人们的观赏需求。《铿锵三人行》《开讲啦》《我是演说家》《中国汉字听写大会》《中国成语大会》《中国诗词大会》《声临其境》《世界听我说》等众多语言类电视节目的火爆一方面满足了人们对业余文化生活的精神追求，另一方面更广泛、更深层次地促进了口才艺术的普及与发展。

读书观史知千古，诵诗阅文道百态。我们的先辈创造了辉煌的华夏文明，中国的未来寄托在莘莘学子的身上。

"全世界都在学中国话，孔夫子的话越来越国际化，全世界都在讲中国话，我们说的话，让世界都认真听话。"（摘自 SHE 组合的《中国话》）我相信，这不仅仅是歌词，更是梦想。朋友们，让我们一起努力，实现这一伟大梦想，让世界都认真听我们说的话。

【请求】 请你将自己喜欢的故事时常地讲给别人听，口才就能在不断地练习中提高。

【游戏】1-11 成语填空

填完后请大声朗读，尝试用不同的语气读。

（　）（　）	（　）（　）
（　）（　）	（　）（　）
一（　）二（　）	一（　）两（　）
（　）（　）	（　）（　）
（　）（　）	（　）（　）

（二）名扬四海

1. 黄金时代

发源地：古希腊、古罗马。

社会背景：政治生活迫使演讲技能成为政治家的必备技能；文学艺术滋养着口才学，使其枝繁叶茂；法律制度激励人们能言善辩，据理力争。

公元前 6 世纪至公元前 4 世纪，古希腊出现西方口才史上的第一个黄金时期，演讲人才层出不穷。这一时期，围绕着公民权与自由权的问题，演讲者们辩论不止、舌战不休。作为政治家，想得到民众的认同，就必须通过演讲来表述政见。当时，几乎没有一位政治家不擅长演讲，没有一位演讲者不热衷于政治。

德摩斯梯尼

德摩斯梯尼，古希腊雅典人，生于富豪之家。7 岁时，其父亲亡故，家产被监护人侵吞。君子报仇，十年不晚，德摩斯梯尼卧薪尝胆，决定成年后上法庭控诉监护人，但他口吃，会影响法庭上的辩论。于是，一个千古传诵的场景出现了：德摩斯梯尼每天来到海边，对着波涛练发音，并且把石头塞进自己的嘴里来矫正发音。为了增强肺活量以便将气势强大的长句表达完美，他经常去登山。春去秋来、寒来暑往，德摩斯梯尼成年了，他身强体壮、伶牙俐齿。在法庭上控诉监护人时，他情真意切、言之凿凿，令监护人伏法。之后，德摩斯梯尼开始替人写诉状，助人申冤，后又步入政坛，率领雅典人民对抗马其顿王国长达 30 年。

苏格拉底

苏格拉底与柏拉图、亚里士多德被誉为“古希腊三哲”。苏格拉底擅长采用问答、诘难、归谬等方式引导学生自主得出结论，这一教学方法是现代启发式教学法的雏形。

下面是关于苏格拉底的一个小故事，体现出他的教学特色。

一个青年问苏格拉底：“怎样才能获得知识？”

苏格拉底将这个青年带到海边，让青年跳进大海，海水淹没了青年，他奋力挣扎才将头探出海面。苏格拉底问：“你在海里最大的愿望是什么？”

“空气，当然是呼吸空气！”

“对！学习就得使上这股子劲儿。”

是啊，当我们到了不学习就会死亡的时刻，想必学习的愿望会特别强烈，效率会特别高吧。

另一个有关苏格拉底的故事，更耐人寻味。

苏格拉底在风烛残年之际，找来助手，说：“我的蜡所剩不多了，得找另一根蜡接着点下去，你明白我的意思吗?”

“明白，”助手赶忙说，“您的思想光辉是得很好地传承下去……”

“可是，”苏格拉底慢悠悠地说，“我需要一位最优秀的传承者，他不但要有相当的智慧，还必须有十足的信心和非凡的勇气……你帮我找到他，好吗?”

“我一定竭尽全力。”

苏格拉底笑了笑。

那位忠诚而勤奋的助手不辞辛劳四处寻找，面试了一位又一位，都被苏格拉底婉言拒绝。一次，当那位助手再次无功而返时，病入膏肓的苏格拉底硬撑着坐起来，说：“真是辛苦你了，不过，你找来的那些人，其实都不如……”

“我一定加倍努力，”助手恳切地说，“找遍五湖四海，也要把最优秀的人选挖掘出来。”

苏格拉底笑笑，不再说话。

不久，苏格拉底眼看就要告别人世，最优秀的人选还是没有着落，助手非常惭愧地说：“我真对不起您，令您失望了！”

“失望的是我，你对不起的却是你自己，”苏格拉底失望地说，良久，他才又哀怨地说：“本来，最优秀的就是你，只是你不敢相信自己，才把自己给忽略了……其实，每个人都是优秀的，差别就在于如何认识自己，如何发掘和重用自己……”一代哲人就这样永远地离开了他曾经深切关注着的世界。

那位助手非常后悔，甚至自责了整个后半生。

为了不重蹈那位助手的覆辙，每一个向往成功、不甘沉沦者，都应该牢记先哲的这句至理名言，“最优秀的就是你自己！”

提示： 这个故事应该是后人编的，借苏格拉底之名说人生道理。故事虽假，道理却真。

【请求】你有什么感想？有没有忽略了自己？有时候最优秀的就是你自己，只是你不敢相信。

西赛罗

西赛罗是继德摩斯梯尼之后最杰出的演说大师，他的演说实践使政治演说和诉讼演说有了独创性的发展。西赛罗一生发表过100多篇政治演说和诉讼演说，著有《论演说术》。他的演说词汇丰富，句法考究，一句中讲究多次排列从属句，局部之间要求对称，以累积说服的力量，句尾特别注意语调的抑扬顿挫，称为

“西赛罗式的句法”。他也善用提问、比喻、讽刺等修辞手法。但他认为演说主要是打动听者，而不是诉诸理性判断，因此他不惜使用歪曲事实的手段，存在一定的弊端。

他被一些演说家奉为榜样，很多名言警句被广为传诵：

智者受理智的指导，常人受经验的指导，而野兽受直觉的指导。

那些写书说名望如粪土者都没忘记把他们的大名印在扉页上。

教育的目的是让学生们摆脱现实的奴役，而现在的年轻人正意图做着相反的努力，为了适应现实而改变自己。

我对于事业的抱负和理想，是以“真”为开始，以“善”为历程，以“美”为最终目标的。

我宁愿和柏拉图一起犯错误，也不愿和这些人一起正确地思想。

人生的跑道是固定的。大自然只给人一条路线，而这条路线也只能够跑一次。人生的各个阶段，都分配了适当的特质：童年的软弱、青春期的鲁莽、中年的严肃、老年的阅历，结出的果实须在它当令的时候予以储存。每个阶段都有值得人们享受的事物。

【请求】 请你也写几句心仪的名言吧，原创的更好。

2. 传经布道

公元5世纪，西罗马帝国灭亡，欧洲进入“中世纪”，演讲主要运用于宗教的神学布道上，百家争鸣、群星璀璨的时代结束了。

中世纪的欧洲有教会学校、贵族学校及市民学校，学生以机械背诵学习为主，尤以教会学校为甚。统治者不鼓励奇思妙想，只希望顶礼膜拜。学校里，教师采用的教学方法以讲授法为主，演讲和辩论也有一些。辩论由两名或两组学生进行对辩，由教师主持并裁定胜负。有时由学生进行自我辩驳，就同一个问题进行正反互辩，能够很好地锻炼学生逻辑分析的能力。

3. 史无前例

文艺复兴揭开了近代欧洲历史的序幕。资产阶级启蒙运动、无产阶级革命运动开创了口才艺术的新时代。演讲艺术迅速发展，卢梭、皮特、亨利、林肯、罗伯斯庇尔、华盛顿、富兰克林、罗斯福、丘吉尔、马克思、恩格斯、列宁、卡耐基等一大批政治演说家、演讲艺术家走上历史舞台，创造了无比辉煌的成就，口才学得到了史无前例的重视与发展。

林肯

林肯，美国第16任总统，美国历史上最受人敬仰的总统之一，领导了拯救联邦和结束奴隶制度的伟大斗争。他的演说用语精练、譬喻生动，“葛底斯堡演说”被奉为经典。

1858年，林肯在参加伊利诺斯州参议员竞选时，发表了一篇题为《裂开了的房子》的演说，他把南北两种制度并存的局面比喻为“一幢裂开了的房子”。

他说：“一幢裂开了的房子是站不住的，我相信这个政府不能永远保持半奴隶、半自由的状态。”

林肯的演说深入浅出，表达了北方资产阶级的要求，也反映了全国人民的愿望，为他赢得了很大的声誉。

1860年，林肯当选总统。当时美国的参议员大部分出身于名门望族，自认为是上流社会的人，从未料到要面对的总统是一个卑微的鞋匠的儿子。于是，林肯首次在参议院演说时，就有参议员想要羞辱他。当林肯站在演说台上的时候，一个态度傲慢的参议员站起来，说：“林肯先生，在你开始演说之前，我希望你记住，你是一个鞋匠的儿子。”所有的参议员都大笑起来，为自己虽然不能打败林肯但能羞辱他开怀不已。

等大家的笑声止歇，林肯说：“我非常感激你使我想起我的父亲，他已经过世了，我一定会记住你的忠告，我永远是鞋匠的儿子。我知道，我做总统永远无法像我父亲做鞋匠那样做得那么好。”参议院陷入一片静默。林肯转过头来对那个傲慢的参议员说：“据我所知，我父亲以前也为你的家人做过鞋子，如果你的鞋子不合脚，我可以帮你改正它，虽然我不是伟大的鞋匠，但我从小就跟父亲学到了做鞋的技术。”然后他对所有的参议员说：“参议院里的任何人，如果你们穿的那双鞋是我父亲做的，而它们需要修理，我一定尽可能帮忙。但是有一件事是可以确定的，我无法像他那么伟大，他的手艺是无人能比的。”说到这里，林肯流下了眼泪，所有的嘲笑声都化作赞叹的掌声。

批评、嘲笑、诽谤的石头，有时正是通向自信、潇洒、自由的台阶。

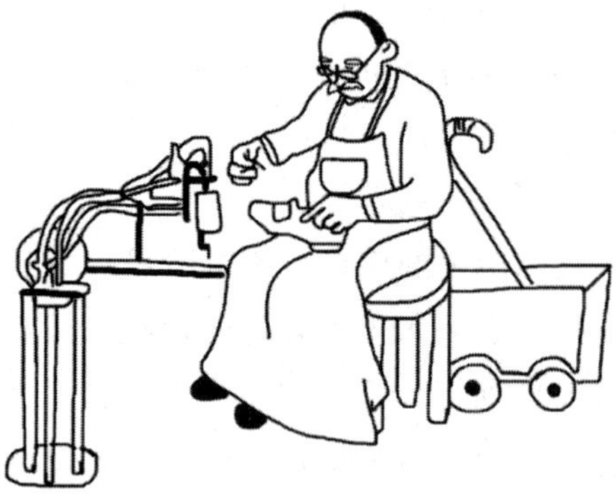

【请求】 说说你的父母吧，不要吝啬赞美的词句，不要以为他们不在乎，请相信，没有人不喜欢被赞美，尤其是被亲人赞美！

列宁

列宁，伟大的无产阶级革命导师，他的演说通俗、简短、准确、有力，能迅速激发群众的革命热情，击中敌人的要害。列宁善于把复杂的事情描绘得简单、明确，他说的每一句话都仿佛是一颗子弹。请看《列宁在一九一八》这部电影中列宁的演讲：

“同志们，要维持一个政权，比夺取它还要难。我们的革命正在前进，正在发展和成长，可是我们的斗争也在发展着、成长着。我接到一张纸条，你们听我念一念：‘你们的政权反正是不能维持的，你们的皮将要被剥下来做鼓面。’安静一点，安静一点，同志们，我看出这些字不是工人的手所写的，我看写这张纸条的人未必有胆量敢跑出来站在这儿，……对的，同志们，我猜他是不敢站出来试一试的。同志们，当革命正在进行的时候，就是说当整个阶级在灭亡，它和一个人的死亡是完全不同的。人死后尸体可以抬出去，但是旧社会灭亡的时候，很可惜，资产阶级的这个尸首，那就不可能把它一下子钉在棺材里，埋葬在坟墓里，资产阶级的尸首在我们心里腐烂着，它把毒气传染给大家，它在发散着臭气！普列夫斯基被刺杀，说明了反革命对我们的白色恐怖。安静一点，同志们，安静一点，同志们。被人民意志判决的叛徒们，一定要无情地消灭他们。我们让资产阶级们去发疯吧！让那些无价值的灵魂去哭泣吧！工人同志们，我们的回答就是这样的。加上三倍的警惕和小心，还要忍耐。大家应该守住自己的岗位。

“同志们，你们必须要记住：我们只有一条出路，那就是胜利。还有另外一条路，那就是死亡。死亡不属于工人阶级！”

【请求】把最后这两句揣摩一下，大声地读一读。

戴尔·卡耐基

戴尔·卡耐基，美国现代成人教育之父，人际关系学大师，西方现代人际关系教育的奠基人，被誉为20世纪最伟大的心灵导师和成功学大师。他通过演说和著作，用大量普通人不断努力获得成功的故事唤起无数陷入迷惘者的斗志，激励他们取得辉煌的成就。1912年，他创立卡耐基训练班，教导人们人际沟通及处理压力的技巧。1936年，他出版了著作《人性的弱点》。

在学生时代，卡耐基发现，学院辩论会及演说比赛非常吸引人，优胜者不但广为人知，而且还被视为学院的英雄人物，这是一个成名的最好机会，但他没有演说的天赋，参加了12次比赛，屡战屡败。30年后，卡耐基谈及第一次演说失败时，还以半开玩笑的口吻说：“是的，虽然我没有找出旧猎枪和与之相类似的致命东西来，但当时我的确想自杀……我那时才认识到自己是很差劲的……”经历失败后，卡耐基振奋精神，重新挑战自我。1906年，卡耐基以《童年的记忆》为题的演说，获得了勒伯第青年演说家奖。这次获胜，对他的一生产生了非同一般的影响。他在后来的回忆中无不自豪地说：“虽然我经历了12次失败，但最后终于赢得了比赛。更激励我的是，我训练出来的男学生在公众演说比赛中获胜，女学生也获得了朗读比赛的冠军。从那一天起，我就知道我该走怎样的路了……”

卡耐基的教学构想开创了成人教育的先河，经久不衰。他的教学方式和原则，被绝大部分成功学培训机构所效仿。卡耐基以超人的智慧、严谨的思维，在道德、精神和行为准则上指导千万读者，给人安慰、鼓舞，使人从中汲取力量，从而改变生活，开创崭新的人生。

无论是东方还是西方，无论是古代还是现代，口才都是人们安身立命、健康快乐、功成名就的武器。

现代社会已把口语表达能力、公众演讲能力作为衡量一个人是否有才干的标准之一。要想成为现代社会的高素质人才，需练就出色的口才。

【请求】请把林肯、列宁的两段演讲模仿着念一下吧。

【游戏】1–12　成语填空

	（　　）		（　　）		（　　）		（　　）
积	（　　）	成	（　　）	聚	（　　）	成	（　　）
	（　　）		（　　）		（　　）		（　　）

二、轶闻趣事

在某些情况下，人们可以凭借出色的口才死里逃生，或是帮助他人化险为夷。

（一）性命攸关

1. 救己命

1）老头子

纪晓岚在编撰《四库全书》期间，一日天气特别炎热，他便脱了衣服，赤膊上阵。恰逢此时，皇上来了，其他人迅速地整装完毕，恭迎皇上，而纪晓岚想穿上衣服已是来不及了，他就索性拿着衣服躲到了桌子底下。皇上进来后，假装没看到纪晓岚，故意坐在一边，令其他人不许出声。纪晓岚蹲了许久，没听见声音，想出来，便大声问："老头子走了吗?"这下可闯了大祸了！皇上脸一沉，说："纪晓岚，你出来，竟胆敢称呼朕是老头子，是何道理？若说不出个理由来，定斩不饶。"纪晓岚一想，虽然皇上并不是真要杀他，但若不能自圆其说，这一关也是难过，关键时候还得自己救自己呀！于是，他说："启禀皇上，臣称皇上为老头子并非是贬低皇上，而是对皇上的敬称。皇上乃是……"（请你来补充完整）

2）黄河远上白云（间）

传说，有一书法家在给慈禧太后的扇子题诗时，漏写了一"间"字，照理是有可能被严惩的，幸亏此公情急生智，说这是根据原诗的意思改填的一首词，慈禧太后一读却也通顺，此公方免去一劫。原诗是：黄河远上白云间，一片孤城万仞山。羌笛何须怨杨柳，春风不度玉门关。因当时尚未有标点，所以此公可以利用句读，逃过一劫。（请问该如何句读）

3）烤肉上的头发

一次，晋文公吃饭时，发现烤肉上有几根头发，怒，欲斩厨师。厨师申辩，获救。厨师是怎样申辩的呢？晋文公说：“为什么往烤肉上缠头发？想害死我吗？”厨师说：“小人冤枉啊，小人无罪！”晋文公大怒说：“罪证在此，还敢抵赖？”厨师见直言无益，忙低头认罪：“小人有罪，罪有三条。”晋文公问：“哪三条？从实招来！”厨师说：“……（请你来补充完整），此乃三条罪也，该死！”晋文公听后，笑说：“恕你无罪，此事不可声张，待我细查。”

厨师用反语说出自己无罪的理由，且用数序的方法，历数三条罪状，设疑激趣，巧妙作答，免去一劫。

【请求】请对别人讲讲这几个故事吧。

2. 救人命

齐景公酷爱打猎，喜喂捉兔鹰。一日，烛邹不慎，跑一鹰。公欲杀之。晏子知，劝公：“烛邹有三大罪状，待说后再斩。”公允。晏子指着烛邹说：“烛邹，你为大王养鹰，却让鹰逃走了，这是第一大罪状；你使得大王为了鸟的缘故要杀人，此二；把你杀了，让天下人都知道大王重鸟而轻士，此三。好啦，大王，请处死他吧。”公脸红，说：“不用杀了，我听懂你的话了。”

【请求】请对别人讲一下这个故事吧！

3. 要人命

《三国演义》中有一段故事。

曹操活捉了吕布，因其武功高强，想收为己用。但刘备不想让曹操如虎添翼，就说了一句话：“曹公忘了丁原和董卓吗？”就这么一句话，使得曹操不敢再有收留之心，下令将吕布杀了。

为什么这句话让曹操如此心惊肉跳呢？因为这句话关涉到两桩命案，被害人是丁原和董卓，凶手是吕布，二人都曾是吕布的主人。刘备说这句话的意思是：吕布可不是忠臣，谁收留他谁就有杀身之祸，丁原和董卓就是前车之鉴，你可得好好掂量掂量，别怪我没提醒你哟！

（二）会心一笑

说话是人人都会的，除了极个别有特殊情况的人，但是能够将话说得好、说得精彩的人却少之又少。什么话该说，什么话不该说，什么话应该这样说，什么话应该那样说，这是一门大学问，被称为口才学，能够掌握这门学问的人被称为口才家。

古往今来，在大多数情况下，口才家都是被重视的。小口才家可以衣食无忧，

提示：

1）老头子：万寿无疆——老，顶天立地——头，紫微星下凡，天之子——子。

2）黄河远上，白云一片，孤城万仞山。羌笛何须怨，杨柳春风，不度玉门关。

3）第一条罪：我的刀能切断肉，却切不断头发；第二条罪：我睁大眼睛串肉却没有发现头发；第三条罪：我的炉火烧得太旺，把肉烤熟了，却没有烤断头发。

例如：用手指弹一弹宝剑，高唱一声“长铗归来兮，食无鱼”便可吃到鱼的冯谖；大口才家可以封侯拜相，甚至可以同时成为几个国家的相，例如：主张合纵抗秦游说六国，终将六国相印挂于腰际的苏秦。当今世界各国的首脑、外交部部长、新闻发言人等，也无不是能言善辩的高手，某时某刻，几乎可以达到“一言以兴邦”的境界。

好的口语表达往往能使人破涕为笑，化险为夷。

1）狄更斯钓鱼

一天，英国作家狄更斯坐在江边垂钓。

一个陌生人走到他面前，问：“怎么，你在钓鱼？”

“是啊，”狄更斯随口回答，“今天运气真糟，这时候了，还不见1条。可是昨天也是在这里，我钓了15条呢！”

“是这样吗？”那人说，“可是你知道我是谁吗？我是专门管这段江面的，这儿禁止钓鱼！”说着，他就要记名罚款。

狄更斯连忙反问：“你知道我是谁吗？我是专门负责虚构故事的，虚构故事是作家的事业，所以你不能罚我的款！”

2）萧伯纳被撞

有一次，萧伯纳在街上行走，被一个冒失鬼骑车撞倒在地，幸好没有大碍。肇事者急忙扶起他，连声道歉，萧伯纳拍拍屁股，诙谐地说：“你的运气真不好，先生，如果你把我撞死了，就可以名扬四海了。”

3）里根遇刺

有幽默感的人，凡事保持积极态度，在遇到危险时，能化险为夷。

美国前总统里根，在任初期，有一次被枪击中，身负重伤，子弹穿入了胸部，情况危急。在生死攸关的时刻，里根面对赶来探视的太太所说的第一句话竟是：“亲爱的，我忘记躲开了。”美国民众得知总统在身受重伤时仍能保持幽默本色，康复应该指日可待。他的幽默，稳定了可能产生的局势动荡。

事情的好坏不重要，重要的是从哪个角度切入去解决。现代社会高度重视的危机公关，就是强调如何选准切入点，化不利为有利。

4）威尔逊遭窘

英国首相威尔逊在一次演讲中，台下突然有个捣蛋分子大喊：“狗屎！垃圾！”威尔逊虽然受到了干扰，但他情急生智，不慌不忙地说：“这位先生，请稍安勿躁，我马上就会讲到你所提出的关于环保的问题。”全场观众不禁为他机智的反应鼓掌喝彩。

5）丘吉尔念信

一次，英国首相丘吉尔在公开场合演讲，台下递上一张纸条，上面只写了两个字“笨蛋”。丘吉尔知道台下有反对他的人等着看他出丑，便神色从容地对大家说：“刚才我收到一封信，可惜写信人只记得署名，忘了写内容。”

丘吉尔不但没有受到干扰，反而用幽默将了对方一军，实在是高！

6）毛姆卖书

英国著名小说家毛姆在成名之前，生活非常贫困。他写了一部很有价值的书稿，但出版后无人问津。为了引起人们的关注，毛姆别出心裁地在各大报刊上登了一则征婚启事："本人喜欢音乐和运动，是个年轻又有教养的百万富翁，希望能和毛姆小说中的女主角完全一样的女性结婚。"几天之后，在全伦敦的书店里都买不到毛姆的书了，图书已经销售一空了。（这种创新思维值得借鉴）

【请求】请把这些故事讲给别人听吧！

希望各位能够高度重视口才的重要性，下定决心，坚持练习。我期待有一天，你们的声音会在一间教室、一座礼堂、一个广场，甚至一座城市、一个国家、整个世界响起，人们会因为听到你们的声音而喜悦、鼓掌。

我相信，你们是优秀的，你们能做到声威天下！

第二章　固本强基

本章在简单介绍口语的特点、分类、要求后，进入口语的基本功练习阶段，诸如：气息、共鸣、重音、停顿、语气、语调、语速、体态语等，这是一个行为养成的阶段，需要不断的练习才能养成较好的口语表达习惯，敦请各位切勿一目十行、敷衍了事。

经过第一章的学习，相信你对掌握语言艺术已不再感到特别无助了，你已经明白开口说话并非难事，循序渐进一朝梦圆的道理，如果能够认真完成我们设计的训练，那么衷心地祝贺你，你已经迈上了通往成功的第一级台阶。现在，让我们一起努力，多说多练，坚定地迈出每一步。世上无难事，只要肯登攀。

【请求】 做一个文档，记录下学习之初的状态。朗读一首诗或一个绕口令，录下来，每隔一段时间再录一遍，看看有没有进步。

第一节　发轫之始

现代社会，口才对于一个人的生活和事业起着巨大的推动作用。有知识、有能力，只是没口才，虽然也可能功成名就，但若是既有内在的实力，又有外在的口才，那么成功的概率则会大大增加。在很多交际场合，如果一味地强调自己是个老实人，不太会说话，或是说自己“刀子嘴豆腐心”，有什么说错的别介意，那么就很难营造出一种和谐愉快的交际氛围，事情也很难办成，或是很难交到朋友。就像人们把做买卖说成“谈生意”，处对象说成“谈恋爱”，交流思想说成“谈心”，等等，表明做这些事情是要突出一个“谈”字的，也就是要进行必要的口语交流。

一、口语的特点

（一）使用广泛，交流便捷

口语最大的特点就是便捷。人非草木，孰能无情。人类的情感万般复杂，难以意会，想要通过几个动作来表达清楚很难，必须通过语言来传递。因此，人类在完成直立行走，告别兽类的历史任务之后，便全力以赴地投入创造语言的任务中。经过千万年的进化，人类终于可以发出比“啊”“哦”“嗯”“嘿”等更为复杂的音节了，可以用语言来表达想法了。如果要告诉同伴几里地外有一片花海，就不必像蜜蜂左一圈右一圈地跳八字舞了，只需张开嘴对同伴说：“不远的地方有一片花海，去看看！”简单又高效。

语言是最直接、最迅捷的交流方式，是人际交往中最普遍的沟通方式。人类的情感都是共通的，只有设身处地考虑到交际对象的喜怒哀乐，才能收到良好的效果。

有个故事：巴黎街头，春风给巴黎抹上了一层新绿，圣马丁大教堂附近，游客如云。这时，一位双目失明的老人，手托黑毡帽站在路旁，等待着游客的施舍。老人身旁立了一块牌子，上面写道：“我是一个不幸的人，自幼失明。”可是，过客匆匆，鲜有驻足。大半天过去了，黑毡帽仍空空如也，老人愁苦不堪。这时，一位诗人路过，见此情景，说：“我也没有钱，不过，我给你一点儿别的吧。”诗人将牌子上的话改写成另一句。诗人走了，奇迹来了，黑毡帽里的钱比往日多了起来。有一天，诗人又路过，询问老人近况，老人开心地说好多了，对诗人千恩万谢，十分好奇地问他在牌子上写了什么？诗人笑着告诉老人：“春天来了，我却看不见它。”

“我是一个不幸的人，自幼失明。”“春天来了，我却看不见它。”

分析这两句话，核心要素都是一样的——失明。原来的话直白，诗人的话婉转。看到第一句话，人们立刻感知到一个事实——老人失明了；看到第二句话，人们可能会先“哎呀”感叹一下，然后想到老人失明的可怜境遇，促成了奇迹的发生。若以交流效率而言，应是第一句快捷，效果却不好。写这句话的目的不是想告诉路人“我失明了”，而是“可怜可怜我吧”，那么，后者比前者就有着更为强烈的情感冲击力，因为它通过别人的快乐和自己的痛苦的隐含对比，委婉含蓄地表达了失明的悲惨境遇，自然会引起人们的思索和同情。这里的关键之处就在于对人们情感的诱发。哪句话能够迅速实现“可怜可怜我吧”的心理诉求呢？显而易见是后者。

辜鸿铭先生学贯中西，号称“清末怪杰”，精通英语、法语、德语、拉丁语、希腊语等9国语言，获13个博士学位。有一次，他乘公共汽车外出办事，倚窗而坐，欣赏着窗外的景色。半路上来几个年轻的洋人，他们对辜先生身着长袍马褂、留着小辫的形象评头论足，很是不恭。见此情景，辜先生不动声色地从怀里掏出一份英文报纸从容地看起来，那几个洋人见了不禁更加得意忘形，大声叫嚷道：“看这个白痴，不懂英文还要看报，把报纸都拿反了！”待他们嚷嚷够了，辜先生才慢条斯理地用纯正、流畅的英语说道：“英文这玩意儿实在太简单了，不倒过来看，还真没意思。”几个洋人闻听此言，羞愧难当，灰溜溜地下了车。辜先生在无知洋人的取笑下，没有拍案而起、怒发冲冠，而是将错就错，出其不意地用充满睿智的语言将对方说得抱头鼠窜，不失风度。这种口语交流的效果迅捷、高效，值得称赞。

（二）话随口出，不便修改

俗话说：说出去的话泼出去的水，吐口唾沫砸个坑。意思是说话很容易，张嘴即言，然而也正因为话随口出，不便修改，容易造成一些不必要的麻烦和误解。因此，“话到嘴边留半句”，人们说话要仔细斟酌，三思而后言。

宋代名相寇准晋升宰相，向好友张咏请教立身为官之道。作为至交，张咏当然知道寇准机敏有余而学识不足，可如今寇准高居相位，直接指明有些不妥，传扬出去有损朋友形象，但不予提醒也有违朋友情谊，且于国家不利，权衡再三，张咏才慢条斯理地说：“公为当朝一代奇才，于家国大事当能应付自如，公务余暇，倒是可读读《霍光传》。”寇准还想深问，但老友已不愿多言。揖别之后，寇准回到相府，想到张咏特别提到《霍光传》，便赶紧找出此书，细细阅读。当他读到“然光不学亡术，暗于大理”时，立刻恍然大悟，自言自语道：“此张公谓我矣！”从此以后，他以霍光为戒，一有空便手不释卷，刻苦读书，终成一代名相。张咏的高明之处就在于他将“不学无术”这种身居高位的人很忌讳的批评，用借书代言的委婉方式表达出来，既保住了好友的面子，又达到了劝说的目的。

真诚是必要的，直言是欠妥的。我们说“直言欠妥”的目的不是鼓励人们曲意逢迎、拐弯抹角，而是说话要深思熟虑、一语中的。不能想到什么就说什么，而要该说什么才说什么，怎么有利于沟通怎么说，怎么有利于圆满怎么说。因为口语交流的首要特点就是迅速，你说了，别人就听到了，听到了就按你说的理解，要不想让人误解，就需谨言。

【请求】请有意识地斟酌几段对朋友的劝说，善意地提醒他们。若是无人可劝，就站在朋友的角度，写几句劝说自己的话，实践“吾日三省吾身”。

劝说 1：

劝说 2：

（三）贴近生活，通俗上口

口语不同于书面语，不刻意追求文通字顺、文采斐然，以通俗易懂为第一要义，即生活化。即便是课堂讲授、会议报告、服务接待等工作中的口语交流，也要在遵从一定文法规则的基础上，适度考虑生活化的通俗表述，否则便给人一种咬文嚼字之感，不易被理解接受。说话是为了让人听懂，切忌套话、官话，尤其是做报告、讲道理时一定要贴近生活、通俗易懂。

所谓生活化，一方面是指在遣词造句方面不要卖弄学识以致语言艰深晦涩，另一方面是指在语气、语调等方面不要一本正经，要入乡随俗，因人而异，说话有针对性，尤其是当一个人取得了一些成就，谋得了职位，获得了资本时，切忌形成某种“腔调”，养成某种“习惯”，这说明他已经不会生活，不说“人话”了。

一位领导去乡村慰问，见到老者问高寿，膝下几子，何处高就；见到儿童问年方几何，尊师名谁，汝欲何往……，虽然字里行间尽显文雅，但语言脱离了生活，拉远了和谈话对象的距离，效果欠佳。

【请求】说说如果在你们那儿遇见这种人，你会怎么怼他呢？

2015年，有两个词流行起来——“蛮拼的”“点赞”，因为习近平总书记在2015年的新年贺词中引用它们来“点赞”了“蛮拼的”全国干部群众。这就是生活化，这就是通俗易懂。

【请求】春节前夕，一行人到敬老院和儿童福利院做志愿服务。到了房间后，看见老人或孩子正坐在床上看书，你打算怎么开场？将开场白写下来，也可以说两句，用手机录下来。

（四）方式灵活，辅以态势

现代汉语的句式多种多样，常用的是主谓句，此外，还有很多非主谓句，如：名词性非主谓句、动词性非主谓句、形容词性非主谓句、特殊性非主谓句等。不同的句式可以表达同一个意思，而相同的句子略微改变句式，句意就会明显改变。例如：“这个人表现好”和“这个人好表现”两句话，虽然用的字都一样，但语序变了，意思也就大不一样了。

侵华战争中，日本将天津南开大学炸得一塌糊涂，不少人哀叹：“南开成了难开！”当时的校长张伯苓闻听此言，说：“难开？那要加个标点：‘难，开’！”张校长巧用标点，将“难开”这一偏正关系的动词短语变为转折关系的复句，一扫原来低沉、消极的心理状态，将知难而进、勇往直前的大丈夫气概表露得淋漓尽致。

曾国藩奉命围剿太平军。起初，屡屡战败，幕僚在上奏朝廷的奏折中不敢隐瞒，使用了“屡战屡败”一词。曾国藩审阅时，提笔将“屡战屡败”改为“屡败屡战”。稍动语序，事实未改，然而意义全变：前者表现出逢战必败的无能，朝廷给予的肯定是惩罚；后者则显示出愈挫愈勇的坚韧，朝廷给予的则可能是嘉奖。

很多小品、影视都会巧用这种语序的变化及谐音营造噱头。例如：把精辟说成（　　），把丈夫说成（　　），把富婆说成（　　），把精神说成（　　）。①

亚里士多德阐述自己和平庸的人的区别时说：“他们活着是为了吃饭，而我吃饭是为了活着。”两种语序表达了两种不同的生活目的：平庸的人活着是为了吃饭，饱食终日，无所事事，而有思想的人活着是为了创造丰富多彩的人生。

人们在口语交流中，还常常会辅以动作、表情等，来强化表达效果。若是有人说话时表情单一、身体僵化，往往会被认为内向、木讷、冷漠、乏味、不擅交际。设想一下，有谁会喜欢和一个除了嘴在动其他都不动的人交流，很吓人吧。

---

① 屁精　付账　泼妇　神经

【请求】请依照例句仿写几句。

他们学习是为了考试，我考试是为了学习。

1. ______________________________

2. ______________________________

（五）依附语境，句式独特

口语表达一般要求规范、完整，但在特定的情境下，有时可以组织一些特殊的句式传递信息。具体的语言环境常常决定人们必须说些什么，或者不说什么。

比如：和朋友逛街，看到有高空坠物，此时朋友正谈笑风生、浑然不觉，你的第一反应是脱口而出："快躲开！"同时使劲把朋友拽到一边。如果在这种紧急关头，还遵循语言规范的原则，坚持把话说完整："你要当心，上面正有一个不知是不是砖头的物体落下，有可能会砸到你，你最好赶快躲开。"这听起来就迂腐可笑了。还是那句话，在什么语境说什么话。

《三国演义》中有这样一段描写，曹操因行刺董卓未遂，逃到父亲的好友吕伯奢家，隐约听到后厨有人窃窃私语："缚而杀之，何如？"曹操顿时吓出了一身冷汗，以为是要把自己捆起来杀掉，于是他先发制人，冲进后厨杀之。后来，他发现后厨有一头被捆待杀的猪，才明白自己错了。"缚而杀之"，在后厨说，一般人都会明白是杀猪宰羊，招待客人，语义十分明确，而在曹操听来，却充满了险恶和杀机，其根本原因便是曹操当时以一个亡命之徒的身份来看待这一切，他得随时提高警惕，防止被告发，其行动出发点是"宁我负天下人，勿天下人负我"。这是"一句话引发的血案"，语境不同，对同一句话的理解也不同。

语境提供的补充信息可以消除话语的歧义。比如："好哇，你可真行！"如果没有上下文，孤立地听，会闹不清楚到底是表扬还是挖苦。又如："要变天了"，既可以指天气，又可以喻指形势，结合语境所提供的补充信息就会消除这种歧义，给交际对象以明确的信息。

有时，人们还会故意利用语境所蕴含的歧义信息来巧妙解困。

有一个小伙子陪着未婚妻和未来的岳母游湖，水光潋滟，赏心悦目。船到湖心，未来的岳母有心想考验一下小伙子，问道："如果我和我女儿同时落水，你先救谁呀？"这可真是一个两难的选择，说先救未婚妻吧，会得罪岳母，要说先救岳母，又会得罪未婚妻，小伙子灵机一动，说："________①。"未来的岳母和未婚妻都非常开心。这句话是有歧义的，既可指未来的岳母，又可指未婚妻，就看两个人怎么理解了。

口语的特点我们已经了解了，核心就是快，要快速说清、快速理解、快速思考、快速美化。怎么才能快呢？就要做好储备，熟悉的内容我们说得又快又好，不了解的说得不快也不好。因此，要在平时多储备一些知识，不断丰富自己的人文底蕴，提高自己的科学素养和艺术审美的水平。请大家务必要在大学期间多看、多想、多说、多练，方不负青春好时光。

【请求】 请讲一讲"缚而杀之"和"我先救未来的母亲"，要注意趣味性哦！

【游戏】2-01　诗词接龙

千山鸟飞（　　）知此事要躬（　　）路难！行路难！多歧路，今安在？长风破浪会有（　　）不利兮骓不逝。骓不逝兮可奈（　　）当共剪西窗烛，却话巴山夜雨时。

请设计几个诗词接龙吧。

二、口语的分类

语言与文字是密不可分的，先有语言，后有文字。有了文字，语言得以延续推广，文脉不断，文明不灭。口语表达即以文字为内，声音为外，内外兼修，方有大成。

按照发声与否，口语可以分为有声语言和无声语言。

---

① 我先救未来的母亲

（一）有声语言

有声语言可细分为有声口语和有声书面语。二者是互相渗透、互相借鉴的。我们说一个人说话很有文采，说明他的口语表达更多地运用到了书面语。

从语言学的角度看，有声口语和有声书面语的差别主要体现在风格方面。

有声口语的特点是亲切自然、灵活简短、常有省略。理解有声口语所表达的意思时，对语境的依赖比较大。有声书面语的特点是用词精准、结构严谨、逻辑性强。

演讲稿的特点是口语化，用简洁、通俗的语言进行面对面的信息交流。闻一多先生的《最后一次演讲》，是在被国民党暗杀的李公朴先生追悼会上的即兴之作，文辞优美，语句铿锵，体现了口语和书面语的完美融合，堪称演讲史上的经典之作。请看这一段：

> 今天，这里有没有特务？你站出来！是好汉的站出来！你出来讲！凭什么要杀死李先生？杀死了人，又不敢承认，还要诬蔑人，说什么“桃色事件”，说什么共产党杀共产党，无耻啊！无耻啊！这是某集团的无耻，恰是李先生的光荣！李先生在昆明被暗杀，是李先生留给昆明的光荣！也是昆明人的光荣！

这就是闻一多，一个控诉黑暗统治的革命战士，他对革命必将胜利的坚定信念，令人震撼。

【请求】 请把这段话慷慨激昂、义愤填膺地喊几遍，最好能先标记出重音。例如：“今天，这里有没有特务？”这句要强调“有没有”，读的时候要加大音量，延长时值。

（二）无声语言

不出声也一样在说话，一样在传递语言信息。有声语言以声音为媒介，所以有余音绕梁、振聋发聩之效。无声语言怎么表情达意呢？怎么实现“此时无声胜有声”呢？

无声语言包括体态语言、时空语言和物体语言三种类型。

【请求】 请把柳永的《蝶恋花·伫倚危楼风细细》读一遍，要有手势、表情、体态的变化。

> 伫倚危楼风细细，望极春愁，黯黯生天际。草色烟光残照里，无言谁会凭阑意。拟把疏狂图一醉，对酒当歌，强乐还无味。衣带渐宽终不悔，为伊消得人憔悴。

设计手势：________个。自我感觉评价：1. 良好　2. 还行　3. 不好①

---

① 若自我感觉不是“良好”，那就请再多读一读，读到自我感觉是“良好”为止。

1. 体态语言

体态语言是指利用人的姿态、表情、手势等来辅助表情达意的一种暗示性的语言，又称“动作语”“态势语”等。

请大家注意观察体会自己的体态语言的特点，看看我们在和别人交谈时，在课堂上回答问题时，在做课前演讲时，以及传达学校的要求布置工作时，站姿、手势、表情等是不是自然妥当。对年轻人来说，站在教室前面跟同学们进行交流的时候，体态语言不会很自然、很丰富、很美观，这很正常。从现在开始，我们要有意识地关注这方面，改正自己存在的问题，说话时能够自然地看着对方，能够根据讲述的内容适当地配合手势，去掉一些小动作，如：挠头、搓手、插兜等。用不了多久，我们在演讲时就会呈现出风采来。

【请求】 你对自己体态语言的评价是：1. 优秀　2. 良好　3. 中等　4. 及格　5. 不及格。

请你写下对自己体态语言的评价等级，并记下日期。

请相信，如果你积极主动地进行体态语言的训练，在很短的时间内你的体态语言就会提高一个等级。当然，如果你的体态语言已经是“良好”了，那再提高就需要稍长一段时间；如果是“优秀”，就可以进入下一步训练了。

我们来做个练习：请站在能照出全身的镜子前，对着镜子朗诵明朝钱福的《明日歌》，看看自己能否自如地做出 2～3 个动作，眼神是否有神采、有变化。（注意：不必追求手势的具体表意，只需根据意境做出自然动作）

【请求】 可多做这种对镜练习，根据所讲的内容设计手势、表情等，尤其要多观察教师在授课过程中的一些经典动作，可模仿练习，久而久之便可驾轻就熟了。也可以对着镜子唱歌，放松地根据歌词大意做动作，先是一手持麦克风一手做动作，习惯后再练习用立式麦克风演唱，将两手都解放出来做动作。

2. 时空语言

时空语言是指利用时间和空间因素来辅助表情达意的一种暗示性的语言。其中，时间语言表达某种态度，空间语言显示某种关系。

时间语言一般不会单独呈现，而是结合有声语言传达具有暗示意味的信息。例如：我喊你过来吃水果，你立刻回答或停顿了一会儿再回答，就是利用时间语言来表达某种态度。立刻说“好的”，表示你很高兴；停顿了一会儿才说“好的”，表明你并不是很乐意。

吃水果时，你离我的远近距离反映了你我的亲密程度，这是空间语言。

如果一个人说话时离我们非常近，会给我们造成一种压迫感，我们会主动地稍稍远离一点，这一空间语言表明，我们很难接受一个不太熟悉的人跟我们这么近距离地聊天。

考试时，监考教师在你旁边站着，虽然他没出“声”，但他一直在“说话”，因为他在用空间语言给你警示。

3. 物体语言

物体语言是指具有装饰、表义作用的随身携带的物品。比如：戒指、眼镜、小提包等显示出携带者的文化品位和艺术修养的暗示性语言，所谓“佛要金装，人要衣装”是也。试想，我们怎么也不会认为一个穿着拖鞋、背心、短裤上课的老师是“正常”的老师吧。

【游戏】2-02　成语接龙

例如：牛角挂书　书香世家　家喻户晓　晓以大义　义不容辞　词严义正

请你设计几个成语接龙吧：

华而不实——

乘风破浪——

三、口语的要求

（一）世俗化

这是对口语表达的基本要求，要求所说的话能够被大众听懂，被世人接受，千万不要因为学识渊博、文学素养高而故意说一些艰深晦涩的话。

世俗化的语言是“接地气儿”的、大众容易理解的语言。诺贝尔文学奖得主莫言曾经说过，所谓的民间写作，就要求你丢掉你的知识分子立场，用老百姓的思维来思维，否则你写出来的民间就是粉刷过的民间，就是伪民间。

我们在讲口语的特点时，提到过“贴近生活，通俗易懂”这一点，说的就是世俗化的问题。这需要经过很多积累、揣摩、实践才能实现，是要以一定的写作实践为基础的。

一篇文章中有这样一段话：“我们一下车，便到张大娘家。她热情地接待了我们，并跟我们谈了她的生活情况。她说：‘这几年咱家的日子日益美满了。儿子媳妇看我上了岁数，不让我从事田间劳动，闲得慌啊！’”这段话半文半白，读起来十分别扭。

【请求】 有两个词由一位上了岁数的农妇说出来，很不协调，你看看是哪两个词，应该换成什么词。①

一些译著之所以不被读者接纳，有一个重要原因就是其中的文字不够世俗化，不符合人们的认知习惯，阅读时总有一种疏离感。我们要养成入乡随俗的习惯，用听者愿意接受的方式，说听者能听懂的话，这样才能沟通顺畅。

“近水知鱼性，近山识鸟音”，说话时要多考虑对方的情况，做到有的放矢，不能自说自话。我们要根据说话对象的思想水平、社会认知等因素，选择最佳的表达方式。

例如，问一位农村的老太太：“老人家高寿啊？有配偶吗？”

对方听不懂。如果换一种问法：________________________________②对方肯定就能听懂了。

这里的“高寿”“配偶”均是书面语，对于一个未读过书或读书不多的老人来说，有可能不知道问的是什么，而且在生活中也没有这么聊天的。我们改用“多大年纪”“老伴”这些生活中常用的词，理解起来就容易多了。

1931 年，一位县委书记拟了一份布告呈给毛主席审阅。毛主席认为其中有两处需要修改，一是“结婚不得收聘礼”，二是“不许虐待儿童”。当时的老百姓没有几个识字的，“聘礼”“虐待”谁能看懂呢？

【请求】 你知道毛主席是怎么改的吗？③

世俗化的宗旨是通俗，但请注意不要一不小心低俗了。有些玩笑话会给人低俗、恶俗的感觉，尽管也能博人一笑，但终归让人觉得层次低了些。话要俗，但不要俗过了头。

（二）趣味化

口语表达怎样才能有趣呢？要因人而异，一方面根据自身条件选择合适的表述方法，另一方面根据对方的实际情况选择恰当的说话方式。这里所说的趣味化是广义上的理解，涵盖了口语表达的诸多方面。

1. 音量

音量指说话声音的大小。这非常重要，而年轻人很容易忽视。

---

① 日益——越来越　从事——去

② “您老多大年纪了？有老伴吗？”

③ 讨老婆不要钱，大人不许打小孩

我教过的学生在回答问题、演讲训练时至少有一半人声音偏小。大三学生做师范专业的微格教学——讲课训练时，也有很多学生声音偏小。可能有的人声音小是天生的，这虽然是个先天问题，但后天是可以弥补的，可以通过训练让声音变大。而有的人是由于心理或习惯的制约——不敢大声说话或不习惯。说话最基本的目的就是让人听见，从现在起，先把声音小的问题解决，就是要大声说话、大声朗读、大声背诵、大声演讲。

【请求】 来吧，再把闻一多先生那段演讲大声地朗诵一遍吧！请注意加黑的字是重音，要加大音量，读得稍慢一些。

今天，这里**有没有**特务？你**站**出来！是好汉的**站**出来！你**出**来讲！凭**什么**要杀死李先生？杀死了人，又不敢**承认**，还要**诬蔑**人，说什么“桃色事件”，说什么共产党杀共产党，**无耻**啊！**无耻**啊！这是**某集团**的无耻，恰是**李先生**的光荣！李先生在昆明被暗杀，是李先生留给**昆明**的光荣！也是**昆明人**的光荣！（可参照这种重音处理的方式朗读，但处理方式不唯一）

另外，还一种情况，有的人说话声音太大了，这也不妥。

嗓门大是优点，千军万马的战前动员需要你声若洪钟，但在三尺斗室与数人交谈时你得收一收，控制点，声音大小适中才能让人听着舒服。而且，在某些场合，更需要我们控制好自己的音量，因为这是一种礼貌、一种修养。比如：在候机厅、音乐会、图书馆等地方说话时，要轻声细语。

2. 雕琢

语言是需要雕琢的，要综合考虑认知需求、文学修辞、社会背景等多方面因素，遣词造句，精雕细琢。在口语交流中，需要完成求认同、得支持、图开心的目的，要实现“良言一句三冬暖”，避免“话不投机半句多”。

如何对语言进行雕琢呢？

一是要进行文学修饰，要有文采，逻辑清晰，说理透彻，三思而后言；二是要进行艺术加工，列数据、打比方，生动形象地阐述想法、意见、要求等。

【请求】小学生问你为什么会有白天和黑夜？为什么会有春夏秋冬？太空站为什么不会掉下来？你打算怎么讲给他听，请尝试解释一下，用小学生能理解的口语哟！

语言的趣味化需要我们进行多方面的积累，成语、歇后语、名言警句、诗词歌赋、流行用语、名人轶事等，要多了解一些，说话时才能用上。

魏敏芝出道成名的故事想必很多同学都知道。张艺谋到偏远的小山村选演员，问谁想演电影，一连问了好几遍也没人应声，如果不是她勇敢地向前迈出一步说“我想演”，那么她的人生必然是迥异于现在的。

请查阅相关资料完成一个练习：假设你是牡丹江师范学院历史学专业的大四学生，你在偏远的乡村小学支教，任三年级的班主任（学生少，只有 1 个班 12 个学生），开主题班会时你需要做总结发言，要以魏敏芝的事例鼓舞学生勇敢迎接挑战，抓住机遇。

【请求】请在本子上写一段你在主题班会上的发言，注意讲话对象，仔细雕琢语句。

3. 幽默

幽默是使人产生概念错位或者形成巨大的思维落差的语言表达方式，常常给人带来快乐。

美国幽默术专家特诺·赫伯说：“把幽默当作礼物送给别人，会增加你的吸引力。”

社交场合离不开幽默的谈吐，幽默的语言体现着一个人的聪明才智和乐观情绪。一个有幽默感的人往往能成为焦点人物，因为他能够通过幽默感融入集体。人们都喜欢轻松愉悦的氛围，幽默是传递正能量、创造快乐、融洽关系最有效的手段，在竞争激烈的社会中更需要幽默来放松心灵。

明朝有个大臣叫陈全，上朝时走错了道，被宦官抓住了。陈全向宦官求情，宦官听说陈全会讲笑话，就说：“你能把我逗乐了就放你。”陈全脱口说了一个字：“屁！”宦官听得莫名其妙，生气地追问是什么意思。陈全一解释，宦官笑得前仰后合，立刻放了他。

陈全怎么说的想必大家也都知道，陈全说：________________①

一个小幽默解决了大麻烦。

【请求】请把这个故事讲给别人听吧，注意要有趣哦！不妨先用手机录下来，自我愉悦一下。

幽默的实现方式有两种：一种是背记一些笑话、流行语等，根据现场情况适时说出；另一种是根据现场情况创造性地运用语言，激发想象，触发笑点，引发关注，融洽气氛。

---

① “放，也由公公；不放，也由公公。”

一名大学毕业生到《泰晤士报》应聘编辑职位，被告之“人员已满，不再招人”。他不死心，问记者岗位是否招人，招聘人员回答“不招”。他又问校对岗位是否招人，招聘人员不容置疑地告诉他什么岗位都不缺人，以后若有空缺一定通知他。

但是，他并没有走，而是微笑着对招聘人员说：“你们什么职位都不缺人，那么一定缺一块牌子。”此言一出，招聘人员愣住了，问：“什么牌子？”

他从皮包里拿出一块做工精致的牌子，说：“就是这块‘额满不招’的牌子。”

这话够创新、够幽默吧，再配上这块牌子，是不是挺绝的。

但幽默的达成是建立在双方共同的认知基础上的，你跟一个较少上网的老师说“打 call”，怕是起不到幽默作用的。

幸好这位大学毕业生足够幸运，这一切被旁边的人事部门主管看到了，听到“额满不招”后人事部门主管会心一笑，深觉该生乃栋梁之材，于是加以考核并录用了。这位幽默的大学毕业生叫西蒙·福格，25 年后，他成为《泰晤士报》的总编辑。

幽默为生活增光，幽默为事业添彩。人生漫长，请时不时地“幽一小默”。

【游戏】2–03　幽默剧场

阅读小幽默，请将空缺处补充完整。

【1】

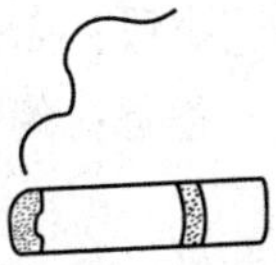

教徒：请问祈祷时可以吸烟吗？

牧师：当然不行！

教徒：__________________①

牧师：那倒是可以。

【2】

一天，林肯正在擦皮靴，一位外交官想要揶揄他是鞋匠的儿子。

外交官：总统先生，您总是擦自己的靴子吗？

林　肯：是啊，那您是经常____________________？②

(林肯的高明之处在于绕开对方提出的判断性问题，回敬一个特指性的反诘。)

【3】

一位富翁体检查出绝症，将不久于人世。伤心之余，他不想在疼痛挣扎中离世，遂花重金雇用一杀手，让其在他最开心的时候杀掉他。几天后，医院通知误诊，富翁开怀大笑，未等笑完，中弹，离世。远处，杀手自语：“这应该是你________！”③

【4】

问：你喜欢我哪一点？

答：我喜欢你__________________！④

---

① 那么吸烟时可以祈祷吗？

② 擦谁的靴子呢

③ 最开心的时候了

④ 离我远一点

【5】

男生：你喜欢我吗？

女生：你猜。

男生：喜欢！

女生：你________猜。①

【6】

男生：我可以向你问路吗？

女生：可以呀，到哪里？

男生：到你心里！

女生：抱歉，______________________！②

【7】

青蛙：请问，我什么时候能遇到爱我的人。

智者：明年秋天，会有一个年轻的姑娘来到森林，把你带走，你们将会亲密接触。

青蛙：呱，太棒了！是在王子的婚礼上吗？

智者：不，是在她的__________________课上。③

【8】

小明：爸爸，我是不是傻孩子呀？

爸爸：傻孩子，你怎么会是傻孩子呢？

【9】

病人：你赚钱可真容易，3秒钟拔个牙就赚了300元。

医生：如果你愿意，我也可以用3分钟赚这300元。

【10】

女儿：妈妈，我在手术室听见护士姐姐说："勇敢点，别害怕！阑尾手术是最简单的外科手术了！"

妈妈：胆小鬼！妈妈不是告诉你不用害怕了吗？

女儿：我没害怕！护士姐姐是对给我做手术的哥哥说的。

妈妈：什么?!

（三）实效化

口语表达的第三个要求是实效化，人的生命是有限的，要用有限的生命去做有意义的事。

有些人聚餐从18点吃到22点，都说了些什么，有多大意义？

① 再

② 此路不通

③ 生物解剖

有的大学寝室盛行“侃大山”，从 18 点半侃到将近凌晨 1 点，都说了些什么，有多大意义？

古人云：听君一席话胜读十年书。这才是口语表达的实效化，有思辨，有哲理，有启迪，甘之如饴。

此外，口语表达的实效化还有一个层面是能够解决实际问题。如：谈判成功、冲突化解等。

【游戏】2–04 演武厅

火车上，你对面坐一人（口吃），主动和你打招呼。

他：“你好，你……你……也是要……要……去牡……牡丹……江吗？”

你：____

他：“你……你是去旅游，还……还是去……去探亲？”

你：____

他：“你别……别介意，我……我一……一着急就……就这样。”

你：____

可别以为很容易哟！我们是要假定你也是和他一样口吃的人。请将情景加以想象，完成对话。①

请记住，口语表达的要求是：世俗化、趣味化、实用化。

具体的修辞技巧、幽默技巧我们稍后再说，先请大家注重这方面的积累。比如：声音小的问题可以从现在开始注意改正，加强练习。

四、口语与口才的关系

口语，从广义而言，指人们说的话；从沟通效果而言，在任何时间、地点，它以能让人们听懂为基本要求。

口才，是高级的口语表达能力，具有强烈的表情达意功能，呈现出较强的文学性、艺术性、逻辑性，具有较好的说服力、感染力，从一般的口语表达技能发展、提高而来，是一种创造性的说话技巧和说话艺术。

口才的主要特点：

口才是思辨之才：于纷繁复杂中做出敏锐而缜密的评估、分析和判断。

口才是捷辨之才：思维与表达同步，妙语精言脱口而出。

口才是善辩之才：语出惊人，挥洒自如。

① 著名哲学家冯友兰与历史学家顾颉刚在火车上巧遇，二人均口吃。

【请求】 我们做个演讲练习吧，请填入适当的词完成下面这篇演讲稿，并多读几遍。（假定你是学习委员号召同学们积极参加课前演讲）

同学们，关于开展（　　　　）的通知我就不念了，大家也都知道这是锻炼我们（　　　　）能力非常好的（　　　　　）和（　　　　　），希望我们班同学能够（　　　　）参加。老师一再强调，让我们不要有（　　　　）情绪、（　　　　）情绪，鼓励我们要勇于（　　　　）自己。有的班级采取的是按（　　　　）顺序一个一个来的方式，我觉得这样不好，像摊派一样，给人一种（　　　　）完成的感觉，（　　　　）。我们可不可以采取（　　　　）的方式，谁（　　　　）了谁就（　　　　）。

大学培养的就是自我学习、（　　　　）的能力，我们应该有意识、有（　　　　）地迎接各种挑战，真正的战士只有在（　　　　）中才能（　　　　）成长。我们都知道（　　　　）自荐的故事，这是勇气、（　　　　）；我们都知道（　　　　）起舞的故事，这是（　　　　）、（　　　　）。要想成功，没有（　　　　）穿石、（　　　　）磨针的毅力，怕是会（　　　　）而废、（　　　　）无成的。大家看看我们班墙上挂的名人名言：宝剑（　　　　），梅花（　　　　）；书山（　　　　），学海（　　　　）；雄关（　　　　），而今（　　　　）。这些不是（　　　　），是人生的经验总结。所谓台上（　　　　），台下（　　　　）；若要人前（　　　　），必先人后（　　　　）；骐骥一跃，（　　　　），驽马十驾，（　　　　）。大学不是我们学习的终点，而是我们学习的新起点。

我想，国父孙中山先生的那句话应该永远不会过时：革命（　　　　），同志（　　　　）！

我们不是天才，但我们是人才，我们不拼爹、不（　　　　）、不（　　　　），我们有（　　　　）、有（　　　　）。让我们充分利用课前演讲的平台，展示自己，（　　　　）自己，（　　　　）自己！教书是教师的事儿，学习是（　　　　），舞台就在这儿，欢迎每一个人来，欢迎每一个有勇气、有准备的人来；奖台就在那儿，等待每一个人去，等待每一个有（　　　　）心、有（　　　　）心的人去。

在这里，我想对大家说，我要做第一，是第一个被抛出的（　　　　）也罢，是第一个吃（　　　　）的也罢，总之，我要争做第一。我报名，课前演讲，我来了！你们呢，谁来与我同行？

谢谢各位！

第二节 甘言美语

多诈的人藐视学问，愚鲁的人羡慕学问，聪明的人运用学问。

——培根

人们说“文如其人”，这里我们说“言如其人”。语言是思想的外衣，人们内在的修养、文化底蕴，可以通过语言大致展现出来。当然，也偶有金玉其外，败絮其中的情况。

口才是一门技术，也是一项艺术。优秀的律师、演员、推销员大多具有非常好的口才，优秀的教师则更是口才方面的强者。纵观成功人士的发展历程，他们大多把口才作为辅助其成功的翅膀。大学生，尤其是将为人师的大学生，其今后的事业发展，在很大程度上依赖于口语表达能力，求职面试、同事交流、业务拓展等无不需要有较好的口语表达能力。因此，了解并掌握一定的口语修辞、训练方法和技巧是非常必要的。

经过前面的学习，相信大家已经不再对掌握语言艺术感到特别困难无助了，我们已经明白了“畅所欲言并非难事，循序渐进一朝梦圆”的道理。

如果大家能够认真完成我们设计的训练，那么衷心地祝贺你，你已经迈上了通往成功的第一级台阶。让我们一起努力，坚定地迈出每一步，世上无难事，只要肯登攀。

本节内容是了解、掌握口语表达的基本技能，包括重音、停顿、语气、语调、节奏等，掌握了这些技能，你的口语表达将会更多地呈现出抑扬顿挫的美感。我要特别强调一点，这是基本功的训练，要想养成一些好的口语表达习惯，需要较长时间的机械式的身体记忆，需要你拿出时间和精力认真练习、揣摩、模仿，改正错误的口语表达习惯，例如：调值不到位、习惯性重音、停顿过多或过少、语调变化不明显、语速单一等。改变与养成习惯需要一定的时间。

我们先来说说气息，就是呼吸的问题。

一、气足声才亮

“气者音之帅也”，古代声乐理论中有“气动则声发”的说法，提示人们要注意气息的作用。声音是声带振动的结果，声带振动依靠的是气流推动，气流是由呼吸产生的。所以，要想侃侃而谈或豪言壮语，必须要有“呼吸”保驾护航。练声先练气，气足声才亮。专业歌手、主持人都要进行气息的专项训练，那我们普通人有没有必要进行气息训练呢？

气息训练，其实在生活中不可或缺，原因有三：

一是有助于口语交流。养成良好的呼吸习惯后，有助于美化声音，能够更好地运用气托声出、声随情传的技巧。你们见没见过这样的讲述者，说话时上气不接下气，有时得停下来深吸一口气才能继续讲下去，这种情况通常是由于紧张和没有进行过气息训练造成的。

二是有助于身心健康。气息训练就像练气功，要全身放松，有一种愉悦感，是吐故纳新、增加氧气的过程，无论在心理上还是生理上都对健康大有裨益。

三是简便易行。气息训练很简单，并不费时费力，在很多时候、很多地方都可以练习。比如：走路、等车、坐着、躺着时都可以进行气息训练。

综上所述，气息训练势在必行，“气乃声之本也”。

【请求】请读一读下面的绕口令《喇嘛和哑巴》，试试你能一口气读到哪儿。

打南边来了个**喇嘛**，手里提拉着五斤**塔嘛**。

打北边来了个**哑巴**，腰里别着个**喇叭**。

提拉塔嘛的**喇嘛**，要拿**塔嘛**换别喇叭哑巴的**喇叭**。

别喇叭的**哑巴**，不愿意拿**喇叭**换提拉塔嘛喇嘛的**塔嘛**。

提拉塔嘛的**喇嘛**拿塔嘛打了别喇叭的哑巴一**塔嘛**。

别喇叭的哑巴拿**喇叭**打了提拉塔嘛的喇嘛一**喇叭**。

也不知提拉塔嘛的**喇嘛**拿塔嘛打坏了别喇叭哑巴的**喇叭**，

也不知别喇叭的**哑巴**拿喇叭打坏了提拉塔嘛喇嘛的**塔嘛**。

提拉塔嘛的**喇嘛**炖**塔嘛**，别喇叭的**哑巴**吹**喇叭**。

注：提拉（dī le），塔嘛（tǎ mɑ），加黑字体可以重读，但不是唯一方式。

（一）呼吸原理

呼吸是指机体与外界环境之间气体交换的过程。吸气时，胸腔体积增大，肺中气压小于体外大气压，空气被压入肺部。呼气时，肌肉放松，胸腔体积减小，在气压差下，肺中空气被排出体外。

（二）呼吸方式

根据参与呼吸的肌肉、部位和吸气量的多少可分为胸式呼吸（又称锁骨式呼吸、肩式呼吸、肋式呼吸、横式呼吸等）、腹式呼吸和胸腹式联合呼吸三种。

1. 胸式呼吸

这种呼吸法单靠肋骨的侧向扩张来吸气，用肋间外肌上举肋骨以扩大胸廓。吸气时肩膀抬高，呼气时肩膀放下，肺部上小下大，所以吸气量较小，给人胸闷气短、心慌气躁的感觉。

胸式呼吸是一种浅呼吸，能够快速吸入、呼出气体，迅速提供身体所需的氧气，剧烈运动后大多采用这种呼吸方式解决缺氧问题。

长跑时，到达终点后每个人还真是上气不接下气、肩膀一上一下地快速呼吸呢。

胸式呼吸的缺点是容易导致喉外肌与胸肌紧张，使人不能自如地发音，同时，受肋骨的限制，吸气量不大，效率不高。

这种呼吸方式只能用来应急，不能用来“控场”。我们没见过哪位老师上课时采用这种呼吸方式，肩膀一上一下的，教态也不美观。

但生活中，很多人的确是在使用胸式呼吸，只不过肩膀没有一上一下，那就是更“浅”的呼吸了，每次进行气体交换的量很少，呼吸频次较高。

这种呼吸方式用来日常交流是可以的，但用来演讲、演唱则肯定不行。因为演讲、演唱时需要进行丰富的情感表达，需要较长时间的“只出不进”——光呼气不吸气，也就是说吸气的时间要尽可能短，但又要保证吸进足够多的氧气，呼气时要进行有效的气息控制，这样在需要疾言厉色或娓娓道来的时候才能游刃有余。有了好的呼吸做基础，才有可能控制住场面。

2. 腹式呼吸

这是利用腹部肌肉的收缩而加压的一种深呼吸，能够吸入更多的氧气。吸气时，腹部会向下向外推，呼气时，腹部会向上向内收。

在我们胸腔和腹腔的中间有一块重要的肌肉，叫“横膈膜”，也叫“膈肌”。腹部肌肉收缩时，加大腹压，腹压使横膈膜向上推移，增加胸腔压力，从而使呼气有力。

这种呼吸方式非常有利于身体健康。

来，我们现在试一下吧！

用力吸气，腹部隆起，快速呼气，腹部用力收缩，尽可能地将气体排出体外。掐一下表，3 秒内完成一次吸气和呼气过程，连续呼吸 3~5 次，有没有怒发冲冠的感觉？这种感觉俗称“喘粗气”或“大喘气”，我们非常生气时就会这样。

我们再做个深度练习，下面是《雷电颂》中的片段，运用腹式呼吸，读的时候要快速、多次呼吸，才能把诗人那种愤懑与希望淋漓尽致地表现出来。

炸裂呀，我的身体！炸裂呀，宇宙！让那赤条条的火滚动起来，像这风一样，像那海一样，滚动起来，把一切的有形，一切的污秽，烧毁了吧！烧毁了吧！把这包含着一切罪恶的黑暗烧毁了吧！

3. 胸腹式联合呼吸

胸式呼吸和腹式呼吸相结合，就是胸腹式联合呼吸，它调动胸腹的呼吸肌肉一起运动，不仅扩大了胸腔容量，而且便于控制气息，能够产生坚实响亮的声音，是多种音色变化的基础。这种呼吸方式由胸腔、横膈膜、腹肌联合控制气息，呼吸活动范围大、伸缩性强，是播音员、主持人必须掌握的呼吸方法。

训练方法

姿势：肩平颈正，全身放松。

吸气：以鼻为主，快而轻柔，吸气后两肋扩张，横膈膜下降，腰腹部向外扩张，胸腔扩展，小腹微微收缩以控制气息。

呼气：用嘴呼气，均匀平缓，收紧小腹，控制声门，注意调节气息输出。

注意事项：说话时保持挺胸收腹的状态，不可以“端肩”，不可以有“喝气声”，呼吸要“开源节流”。

辅助训练方法

闻花香：幽幽清香，柔柔吸气——胸部极力扩张，小腹微微收缩，气息直到肺底。（练习吸气）

吹手心：自然站立，肩松、头正、目平、臂前伸，掌心朝向脸部，均匀吐气，时间越长越好。（练习呼气）

抬重物：意念上准备搬起一个重物（如一纸箱50斤的鸡蛋），先深吸一口气，憋住，感觉气满胸胀，然后想象将重物从左手边搬起，再轻轻放置在右手边，放下过程中徐徐呼气。

数葫芦：深吸气后说：“一口气数不了几个葫芦，一个葫芦，二个葫芦，三个葫芦……”，最好能够数到25个葫芦以上，越多越好。

齿缝放气：吸足气，停片刻，从牙缝发出“丝——”音，练习气息控制。

狗喘气：训练横膈膜的弹性，练“丹田之气”。口微开，小腹快速收缩、扩张，短促呼吸。（练习爆发力）

【请求】 朗读下面这段话，体会小腹快速收缩产生的爆发力。

你劈吧，劈吧，把这黑暗的宇宙、阴森的宇宙，劈开！劈开！劈开了吧！

练习时，可把手轻放在腹部，感受腹部的剧烈运动。如果你在朗读的时候没感觉腹部有什么变化，那说明你还没能掌握好使用爆发力的窍门，声音缺乏力度。这段话中哪儿需要有爆发力呢，你感受到了吗？是在读“劈”的时候，此时小腹需要快速收缩，短促有力地发声，给人以强烈的震撼。

气息测试：有一个测试气息训练效果的方法，深吸气后，发“啊”音，声音不间断，一般应达到25秒以上。我们来测一下，看着钟表的秒针，或是将手机调至秒表状态，先深呼吸2次，第3次吸气后开始计时发“啊”音，注意声音不要间断，不要过大或过小，看看你能坚持多长时间。

预备，深呼吸……，再深呼吸……，吸气，开始“啊”……

【请求】 将每次时间记录下来，隔几天记录一次。

普通人经过一段时间的气息训练后，都是可以将呼气时间控制到25秒以上的，这种控制气息输出的训练能够保证口语表达过程中气息的平稳。

将“啊”音时长记录下来。可测3次，取最长时间填，每隔1周填

1 次。

测试时间	月　日	月　日	月　日	月　日	月　日	月　日
“啊” 音时长	秒	秒	秒	秒	秒	秒

请将下面这段话一口气读完，不用快，中间不换气，展现出演讲者的自信。加黑字体需要加大音量重读。

胸腹式**联合**呼吸就是**胸式**呼吸和**腹式**呼吸相结合，调动胸腹的呼吸肌肉一起运动，不仅扩大了**胸腔**容量，而且**便于**控制气息，能够产生**坚实响亮**的声音，是**多种**音色变化的**基础**。

气息的控制和运用是由表述的内容及表达的情感决定的，要做到“吸气一大片，呼气一条线；气断情不断，声断意不断”。

请你按照闻花香、吹手心、数葫芦、发“啊”音等方法进行练习。记住，这不仅是口语训练，还是体育锻炼，祝大家身心愉快。

【请求】请仔细体会各种气息训练的方法，并记录时长。

测试时间	月　日	月　日	月　日	月　日	月　日	月　日
“啊” 音时长	秒	秒	秒	秒	秒	秒

二、声美情更真

你对气息训练的感觉如何，有没有神清气爽？闻花香、吹手心的气息训练可以利用坐车或等人的间隙进行。

在气息顺畅的基础上，让我们进一步掌握**共鸣技巧**，实现谈笑风生，声情并茂，声美情更真。

我们要正确运用共鸣腔，润饰声音，拓展音域。

我们要学会控制声音，保护嗓子。

说话声音好听，说的人不费力、自然、舒展，就是很好地运用了共鸣。在产生共鸣的过程中，共鸣器官把发自声带的原声在音色上进行润饰，使它变得圆润、优美。调节共鸣器官可以丰富或改变声音的色彩，同时起到保护声带的作用，因为良好的共鸣减轻了气流对声带的冲击，延长了声带的使用寿命。

说话时，人们大部分采用中声区发声，而中声区又在口腔的位置，这就决定了共鸣重心在口腔，以口腔共鸣为主，胸腔共鸣为辅。发高音时增加呼吸量，可发挥鼻腔、头腔的作用。

(一) 共鸣器官

生理学家认为，声带产生的音量只占说话音量的5%，剩余95%的音量是通过口腔、鼻腔、胸腔、头腔共鸣放大完成的。从语言学研究的角度看，人们主要关注头腔、胸腔和口腔三个共鸣区。

1. 头腔共鸣

软腭以上，属高频声音发声区。这里发声，声音清脆、高亢，有一定气势，会感到声音似乎不是从嘴里发出来的，而是从眉心发出来的。口语表达时，一般不用头腔共鸣，但有时要加强语言表达的感情色彩时，会用到头腔共鸣。

【请求】 请运用头腔共鸣大声朗诵或演唱下面这段歌词。

五星红旗，你是我的骄傲。五星红旗，我为你自豪，为你欢呼，我为你祝福。你的名字，比我生命更重要。

2. 胸腔共鸣

喉腔以下，属低频声音发声区。这里发声，声音低沉、浑厚。胸腔共鸣的空间和能量大，发出的声音有深度、宽度，声音听起来浑厚、宽广，给听者庄严、深沉、真实、可信之感。它是口腔共鸣不可缺少的共鸣基础。

【请求】 请运用胸腔共鸣朗诵下面这段话。

中国共产党人的初心和使命，就是为中国人民谋幸福，为中华民族谋复兴。

3. 口腔共鸣

软腭以下、胸腔以上，属中频声音发声区。这里发声，声音清晰、悦耳。大部分的口语表达运用的是口腔共鸣，因为口腔共鸣的声音是最清晰的，口语表达的最主要目的就是让人听明白自己所说的话。

【请求】 请运用口腔共鸣朗诵下面这段话。

党的十九大的主题是：不忘初心，牢记使命，高举中国特色社会主义伟大旗帜，决胜全面建成小康社会，夺取新时代中国特色社会主义伟大胜利，为实现中华民族伟大复兴的中国梦不懈奋斗。

【游戏】2-05 成语接龙

请运用不同的共鸣区朗读。

熟能生（ ）夺天（ ）败垂（ ）人之（ ）不胜（ ）揽人（ ）想事（ ）王败（ ）不可（ ）物丧（ ）在千（ ）应外（ ）情合理

一言九（ ）新革（ ）旧不（ ）暗投（ ）眸皓（ ）颊生（ ）车宝（ ）首是（ ）前顾（ ）来居（ ）兵伐（ ）而后动

（二）共鸣弊病

1. 白声

又称“尖声”，共鸣位置过于靠前，口腔没充分打开，好像只用嘴皮子说话，声带发出的声音形不成共鸣。

2. 音包声

音位靠后，喉头张开得太大，结果声音很响，但声母发不清晰，俗称“喉音过重”。

3. 鼻音重

由于软腭下垂，舌根抬起，阻挡了咽喉与口腔的通道，声音大部分从鼻腔里发出来。

这些弊病可以通过训练加以纠正。要使声音圆润集中，需要改变口腔条件。发音时，双唇集中用力，下巴放松，打开牙关，喉部放松，提颧肌，嘴角上提。张口吸气或效仿“半打哈欠”的感觉以放松喉部、舌根、下巴，这时口腔共鸣会加大。

（三）训练方法

运用共鸣技巧的要领：头正、喉松、鼻通。

1. 口腔共鸣训练

采用张口练习法，可用惊吓张口、半打哈欠、吞咽食物张口等方式来练习张口，在气推声之前吸气，同时打开口腔立即发音。双唇用喷法，舌尖用弹法，要有意识地集中在一点发音，如同一颗子弹喷射而出，击中目标，声音沿上腭打到硬腭前端送出。注意，此时鼻咽要关闭。

2. 胸腔共鸣训练

发音之前先闭口，找到想要打哈欠的感觉，在气推声的同时，打开胸腔，像雄鹰展翅，或者做扩胸动作，体会打开胸腔的感觉。

3. 头腔共鸣训练

练习“凝目远视”，也就是在气推声之前，先凝目远视并“提小舌头”，同时用气推声。凝目远视有两种作用：一是使头腔共鸣器官——鼻窦、额窦、蝶窦等张开，二是“提小舌头”，即将软腭提起，打开咽腔。

在具体运用时，应根据感情需要，在混合共鸣的基础上，有意识地加强其中一种共鸣，以使表达更符合情境。一般来说，表现热情要加强头腔共鸣，表现沉痛要加强胸腔共鸣，一般叙述要加强口腔共鸣。

【请求】 请用高亢的声音朗诵《黄河大合唱》的报幕词，体会头腔共鸣。

我们是黄河的儿女，我们艰苦奋斗，一天天接近胜利。但是敌人一天不消灭，我们便不能够安身！不信，你听听河东民众痛苦的呻吟。

【请求】请用低沉的声音朗诵《松花江上》，体会胸腔共鸣。

我的家在东北松花江上，那里有森林煤矿，还有那满山遍野的大豆高粱。

我的家在东北松花江上，那里有我的同胞，还有那衰老的爹娘。

九一八，九一八，从那个悲惨的时候，

九一八，九一八，从那个悲惨的时候，

脱离了我的家乡，抛弃那无尽的宝藏，

流浪！流浪！整日价在关内，流浪！

哪年，哪月，才能够回到我那可爱的故乡？

哪年，哪月，才能够收回我那无尽的宝藏？

爹娘啊，爹娘啊，什么时候，才能欢聚在一堂？

★辅助训练方法：

发音节：依次读韵母“ɑ”“o”“u”“i”等，注意打开口腔，体会气流上下贯通，在口腔内自由流动的感觉。

喊嗓：以韵母“ɑ”“o”“u”“i”等为发声对象，声音由低到高，适可而止，练习响度、呼吸、共鸣。注意要挺胸收腹，顺风而呼，不可逆强风而呼。

做口操：噘唇、双唇打响、弹舌、刮舌等。

变调读文：扩展音域，夸张读词，高低音交替朗读。

例如：

牛角挂书　高风漂麦　囊萤映雪　凿壁偷光　闻鸡起舞

程门立雪　千锤百炼　乘风破浪　万事如意

大江东去，浪淘尽，千古风流人物。故垒西边，人道是，三国周郎赤壁。乱石穿空，惊涛拍岸，卷起千堆雪。江山如画，一时多少豪杰。

【请求】请将下面的绕口令多读几遍，尤其是发音不准、易混淆的要重点练习。

①八百标兵奔北坡，炮兵并排北边跑。炮兵怕把标兵碰，标兵怕碰炮兵炮。

②一平盆面，烙一平盆饼，饼平盆，盆平饼。饼碰盆，盆碰饼。

③牛郎年年恋刘娘，刘娘连连念牛郎，郎恋娘来娘念郎。

④哥挎瓜筐过宽沟，跨过宽沟看怪狗。光看怪狗瓜筐扣，瓜滚筐空哥怪狗。

⑤小猫摸煤煤灰飞，煤飞小猫满毛煤。（区别 ei/ui，注意唇位）

⑥隔着窗户撕字纸，先撕白字纸，后撕紫字纸。（区别 zh/z，注意平舌、翘舌的区别）

⑦狮子山上狮子寺，山寺门前四狮子。山寺是禅寺，狮子是石狮。狮子看守狮山寺，禅寺守护石狮子。（区别 sh/s，注意平舌、翘舌的区别）

⑧一葫芦酒九两六，一葫芦油六两九，六两九的油换九两六的

酒，九两六的酒不换六两九的油。

⑨一个胖娃娃，画了三个大花活蛤蟆。三个胖娃娃，画不出一个大花活蛤蟆。画不出一个大花活蛤蟆的三个胖娃娃，真不如画了三个大花活蛤蟆的一个胖娃娃。

⑩长扁担，短扁担，长扁担比短扁担长半扁担，短扁担比长扁担短半扁担。长扁担捆在短板凳上，短扁担捆在长板凳上，长板凳不能捆在比短扁担长半扁担的长扁担上，短板凳不能捆在比长扁担短半扁担的短扁担上。

⑪谭家谭老汉，挑蛋到蛋摊，卖了半担蛋；挑蛋到炭摊，买了半担炭，满担是蛋炭。老汉往家赶，脚下绊一绊，跌了谭老汉，破了半担蛋，翻了半担炭，脏了新衣衫。老汉看一看，急得满头汗，炭蛋完了蛋，怎么吃蛋炒饭。

总之，功夫不负有心人，付出总有回报，排队、走路时都可以练一会儿，练就比不练强，常年练就会比常人强。

（四）嗓子保健

人体发声器官的内部构造是十分精细的，如果使用不当，轻则会影响发音的质量，重则会引起嗓子疾病。我们需要了解嗓子的保健常识，科学用嗓、护嗓，避免嗓音沙哑无力。

1. 选择正确的发音方法

根据自己的实际情况，用自然声区、自然音量说话，声带放松，正确呼吸用气，学会共鸣控制。

2. 培养良好的生活习惯

锻炼身体，起居有规律；食不言，食后亦不长言；忌常食辛辣、过冷、过热的食物；忌抽烟、喝酒。

3. 注意调节音量

不可动辄高声说话，这样的用嗓方法不当。讲话时要根据房间大小、听众多少调节音量，做到高低有致。

4. 早发现、早诊断、早治疗

在嗓子疾病刚刚露出苗头的时候要及早发现、诊断、治疗。

【请求】 请仔细体会各种共鸣训练方法。要记背 5 个以上绕口令，以便随时练习吐字归音。

另外，再次测测气息吧！

测试时间	月　日	月　日	月　日	月　日	月　日	月　日
“啊” 音时长	秒	秒	秒	秒	秒	秒

【游戏】2-06　诗词接龙

大漠孤烟（　　）挂云帆济沧（　　）上升（　　）（　　）几时有，把酒问青（　　）将降大任于斯人也，必先苦其心（　　）当存高远。

三、吐字归音

经过对气息和共鸣的了解后，我们知道了气息是根本、共鸣是美化的道理，这两个方面都是为吐字归音而准备的。口语表达最根本的要求是把每一个字说清楚，将声母和韵母发音到位。

从交际学的角度来说，符号共享是社会交往的首要前提。一个口才好的人，应该语音纯正，能说一口流利的普通话。

我国幅员辽阔，民族众多，语言环境复杂，各地方言差异较大，使得人际交流产生了较大困难，对文化传播、国民经济发展等造成阻碍。因此，我国自 1998 年开始全面推广普通话。设想一个人再能说会道，如果所处人群说话南腔北调，必然会阻碍人际间的交流，有时可能会造成很大的误会。

教师天天用方言教育学生，那学生的普通话也很难标准了。

普通话以北京语音为标准音，以北方话为基础方言，以典范的现代白话文著作为语法规范。

（一）语音形态

汉字的语音形态可分为字头、字腹、字尾。

字头：“出字”，又称“咬字”，发音要重而短促，唇、齿、舌的位置要准确。“出字”时要有力度，并富有弹性，不能发得过重、过猛，否则会把字腹“吃掉”。

字腹：“立字”，字音在这一过程中需经过共鸣处理，让声音更加饱满、响亮，达到“腔圆”的效果。

字尾：“归字”，又称“归音”，发音到位后立即收音，要干净利落，避免“拖音”（即拉长音）。

总之，要使自己的语音字正腔圆、掷地有声，就要力争做到：

字头——出字有力

字腹——立字饱满

字尾——归音利落

（二）吐字练习

①爆发音（b/p）：咬字时，吸足气流，紧闭双唇，然后爆发吐送字音。

拼搏　摆拍　澎湃　编排　乒乓　喷薄

②弹舌音（d/t）：用舌头的弹力将字音富有弹性并有力地吐出。

打倒　动听　探讨　调头　谈谈　对答

③开喉音：口张大些，让发音部位后移，气满口，用较强的气流吐送字音。

空旷　宽广　大河　夸口　壮阔　耍酷

④震牙音：气流富有力量，产生震动牙齿的感觉，使语音响亮。

激起　融入　蜘蛛　戏剧　挑剔　从戎

⑤展唇音：唇角微微展开，呈扁平状，收尾音“ui”“ei”时，要收得干净。

每回　美味　外汇　退税　妹妹　泪水

⑥聚唇音：适当延展韵腹后，较快地收敛双唇。

小偷　数落　忧虑　煮粥　骷髅　语录

⑦抵舌音：收前鼻音“n”的音节时，舌头有稍抵上牙床的动作。

艰难　谏言　变现　坚贞　甘甜　探监

⑧穿鼻音：收后鼻音“ng”的音节时，气息要穿鼻而出。

影像　英雄　臃肿　阳光　想象　昌盛

我们在练习这些字词的发音时，一定要注意唇、齿、舌的位置，有些发音不标准，是因为唇、齿、舌的位置不对造成的。在初期训练时，要让发声器官做比较夸张的动作，可以对着镜子或手机进行练习。吐字归音需要进行较长时间的练习后才会形成固化的技能，因此，需要大家有持之以恒的耐心和毅力。

还是那句话，练肯定比不练强，**有志者事竟成。**

【请求】 语音的标准化练习重在模仿，我们要以播音员、主持人、台词老师的读音为范本，模仿练习，重点练习易错音节。

强烈推荐《精忠报国》这首歌，歌手的吐字归音堪称典范，请多听、多体会。

精忠报国

作词：陈涛 作曲：张宏光 原唱：屠洪刚

狼烟起 江山北望 龙旗卷 马长嘶 剑气如霜

心似黄河水茫茫 二十年 纵横间 谁能相抗

恨欲狂 长刀所向 多少手足忠魂埋骨他乡

何惜百死报家国 忍叹惜 更无语 血泪满眶

马蹄南去 人北望

人北望 草青黄 尘飞扬

我愿守土复开疆 堂堂中国要让四方 来贺

【游戏】2-07 成语接龙

请大声朗读。

一言九（ ）新革（ ）旧不（ ）暗投（ ）眸皓（ ）颊生（ ）车宝（ ）首是（ ）前顾（ ）来居（ ）兵伐（ ）而后（ ）辄得（ ）由自（ ）义成（ ）至义（ ）力而（ ）富不（ ）人志（ ）穷见（ ）衣缩（ ）古不（ ）险为（ ）然不（ ）榆为（ ）少僧（ ）歧亡（ ）入虎（ ）不择（ ）而有信

四、重音

现在，我们要进行真正的口语表达技能技巧的训练了，套用一句魔术用语：现在是见证奇迹的时刻！

经过前面的铺垫与积累，该是你们创造奇迹的时刻了！

为什么这样说呢？因为通过对口语表达技能技巧的掌握，你会发现：原来自己可以把话说得这么好听！

为什么你会说得这么好听呢？因为你说得抑扬顿挫、声情并茂。

怎样才能抑扬顿挫、声情并茂呢？就是**有轻有重，有快有慢，有长有短，有悲有喜。**先来看看如何才能有轻有重，那就要把重音处理好。

（一）什么是重音

重音就是根据表情达意的需要，有意识地把某个字、词语或句子进行发音上的重点强调，使其明显不同于其他字、词语或句子。

重音是口语表达中最基本、最重要的技能技巧，易于理解，却难以掌握。

为什么“易于理解”呢？因为谁都知道说话要有轻有重，否则就无法让人明白自己到底要说什么。

为什么“难以掌握”呢？因为在实际表达中，人们往往无法准确地体现重音，尤其是在朗诵和演讲实践中。

这是什么原因呢？是习惯的问题。从小到大，我们不需要刻意追求表达的效果，生活口语的一个基本原则是不较真，差不多就行，你知我知大家知，人们都顺其自然地认同并遵循着这一原则。因为用不到，所以不在意。但是，一旦我们工作了，比如：当教师、律师、警官或法官，这些口语表达的技能技巧就会派上大用场了。

请设想一下：

有谁愿意听一位教师讲课像老和尚念经一样，没有音调的抑扬顿挫？

有谁愿意听一位教师讲课像战前动员一样，高歌猛进，声震寰宇，扯着嗓子猛喊？

有谁愿意听一位教师讲课像坐过山车一样，高低起伏瞬间完成？

说话没有重音，就没有重点想要表达的内容，听者会不知所云。当听到没有重音的讲话时，听者要被迫自己去分析哪儿是重点，会非常累。

（二）重音的表达方式

重音的表达方式有三种。

第一种：加大音量。

这是最普遍的表达方式，很容易掌握。“著名国学大师**王国维**在《人间词话》中说……”我们突出强调“王国维”，就把这三个字说大声一些。

第二种：延长时值。

就是把我们想要强调的词语说的时间**长**一些。**长**一些，这个“长”字就是我要强调的，所以我要把它说的时间**长**一些。“昨夜西风凋碧树，独上高楼，望尽天涯路”，我们要强调什么呢？对，我们要强调“独”和“天涯路”，所以读的时候就要把这两个词的时值延长：昨夜西风凋碧树，**独**——上高楼，望尽**天**——**涯**——**路**。

第三种：加重语气。

通过气息的增强让听者明显感觉到不一样。怎么加重语气呢？就是发声的时候，声带振动得轻一些，让气息出来得更多一些。比如：教师在台上讲课，你和同桌悄悄说话，这个时候你用的气声就多一些。

“众里寻他千百度，蓦然回首，那人却在灯火**阑珊处**”，这句话想要表达的意思是当你付出艰辛的努力后，幸福不经意地就降临了。所以，要把“**阑珊处**”这三个字读得与其他的字不同。怎么不同呢？读其他字时，声带正常发声，读到“**阑珊处**”时，让声带的振动变轻，让气息出来得更多。

（三）重音的分类

1. 语法重音

显示语法结构的词语一般要重读，这有一定的规律，词语的位置比较固定。在语法重音中，谓语一般读得比主语要重一些。比如：在“同志们**辛苦了！**”这句话中，“**辛苦了**”是谓语，要读得重一些。

有时，句子的附加成分，如：定语、状语、补语也要读得重一些，疑问句中的疑问代词也应重读。

例如：2020 年，中国将全面建成小康社会，当所有的中国人彻底告别贫穷的时候，有谁不会骄傲地宣称“我是中国人”啊？

我们分析这段话的语义，更多地是想表达实现的时间、实现的程度、自豪的感觉，那么需要重读的词语可以确定为：

2020 年，中国将**全面**建成小康社会，当**所有的**中国人**彻底**告别贫穷的时候，有**谁**不会骄傲地宣称“我是**中国**人”啊？

按照语法重音的原则，这里的状语“2020 年”，定语“所有的”，疑问代词“谁”都是要重读的。

在口语表达中，人们更多地不是从语法重音的角度，而是从逻辑重音和感情重音的角度，判定什么词需要重读。

2. 逻辑重音

衡量口语表达效果好坏的一个重要标准是逻辑性，层次清晰、逻辑严密、条理分明是口语表达的艺术化境界。要达到这一境界，一方面需要良好的遣词造句的能力，另一方面需要逻辑重音的表现能力。通过逻辑重音的正确表达，可以清晰地显示并列、因果、假设、承接、递进、条件、转折等语法逻辑关系。

“桃花潭水深千尺，不及汪伦送我情”，这句诗的语义是虽然水深千尺，但是赶不上汪伦送我的这份情义。重点在“千尺”和“汪伦”，通过强调这两个词可以更准确地表达出诗句间的转折关系。

“弃我去者，昨日之日不可留。乱我心者，今日之日多烦忧”，这几句中有哪些词语需要重读呢？那就是“昨日”和“今日”，这是一种并列的逻辑关系。

3. 感情重音

感情重音又称“心理重音”。它是为表达特殊的内心情感而将一些比喻、象征、夸张的词进行重点强调，起到烘托气氛、塑造形象、描景状物的作用。逻辑重音和感情重音又可以合称为强调重音。

“从明天起，做一个**幸福**的人”，强调对幸福的憧憬，要将“幸福”两个字重读。

“假如我爱你，**绝**不像攀援的凌霄花”，强调一种态度、决心，要将“绝”字重读。

“**谁**不说俺家乡好”，强调称赞的广度，要将疑问代词“谁”重读，可用秒表计时，将“谁”读 1 秒以上。

【请求】 看看下面这几句诗应该重点强调哪些词？（在需要强调的词下面点上“·”）①

千呼万唤始出来，犹抱琵琶半遮面。

飞流直下三千尺，疑是银河落九天。

轻轻地我走了，正如我轻轻地来。

【请求】 我们都会唱国歌，但你朗诵过吗？试试看，怎么确定重音？

起来！不愿做奴隶的人们！

把我们的血肉，筑成我们新的长城！

中华民族到了最危险的时候，

每个人被迫着发出最后的吼声。

起来！起来！起来！

我们万众一心，冒着敌人的炮火前进！

冒着敌人的炮火前进！前进！前进！进！

（四）重音练习

逻辑重音和感情重音是为了突出语音重点，强调某种特殊的感情，在口语表达中，经常随着感情的变化而变化。

“你有什么**缺点**，你有什么**优点**”，在一般语境中，这句话是将“缺点”和“优点”重读的。

在《欢乐喜剧人》曹云金的相声中，他将第二句的重音放在了“什么”上。你读一下试试，一句普通的问话变成了严厉的质问语。

“你有什么**缺点**，你有**什么**优点”，重音不同，表达出的意思截然不同，笑点出

---

① 千呼万唤始出来，犹抱琵琶半遮面。飞流直下三千尺，疑是银河落九天。轻轻地我走了，正如我轻轻地来。

来了，这就是语言的魅力。

一句话的重音不同，表达重点就不相同：

我听说他会弹钢琴。（强调“我”，排除他人）

我**听说**他会弹钢琴。（强调“听说”，含有辩驳的语气）

我听说**他**会弹钢琴。（强调“他”，以区别其他人）

我听说他**会**弹钢琴。（强调“会”，具有这种技能）

我听说他会**弹钢琴**。（强调“弹钢琴”，会不会别的没听说）

请按照强调的不同部分进行朗读训练，朗读时将重音词语增大音量、延长时值、加重语气。加大音量比较容易，延长时值要着重练习，一定要读得时间长一点，在重读时可加重语气，声音不必太大。

在单句练熟的基础上，我们进行联合练习，将这句话连读5次，依次强调不同的部分，即**我**听说他会弹钢琴，我**听说**他会弹钢琴，我听说**他**会弹钢琴，我听说他**会**弹钢琴，我听说他会**弹钢琴**。

请注意：在练习过程中要有韵律感，有的用升调，有的用降调，一句眉开眼笑，一句愁眉苦脸，一句兴高采烈，一句黯然神伤，就是要感情丰富地表达，尽可能手舞足蹈，万不可面无表情地一说到底。

【请求】 请根据这种方式做练习，对一句话的不同部分依次进行重音强调。例如：你不说我怎么知道他读《妙语人生》了。

（五）重音的确定原则

重音的表达通过增大音量、延长时值、加重语气来实现，那么我们怎么判断应该在哪里重读呢？在确定重音时，我们可以遵循以下原则：

1. 区分性重音

凡可以区分程度轻重，突出某种性质、动作、范围、感情，或提示对方注意的词语，应予以重读，具体地说：

①首次提到的人或事物，如：“**我**是这门课程的任课教师。”

②重提以引起重视的词语，如：“我是**中国人**，我有一颗**中国心**！”

③突出一种感情或一种意境的主要词语，如：“我喜欢**千里冰封**，**万里雪飘**的北国风光。”

④极而言之的副词，如：“练习口语**千万**要有毅力，**一点儿**也不必担心会被别人嘲笑。”

⑤强调某种判断，如：“他**不是**那种忘恩负义的人。”

⑥判明具有某种性质，如：“你这样做，简直就是一种**无赖**行为！”

⑦强调一种动作或行为，如：“你就这么**走**了？想撒手**不管**了？”

2. 呼应性重音

重读显示语脉线索或对应性很强的词语，有问答性呼应、领属性呼应、过程性呼应等。如：

借问酒家**何**处有，牧童遥指**杏花村**。（问答性呼应：哪儿有？杏花村有）

虽然你劈它如同**劈水**一样，你**抽掉**了，它又**合拢**了来。（领属性呼应）

转朱阁，**低**绮户，**照**无眠。（过程性呼应：连续动作）

3. 修辞性重音

在运用修辞格的句子中重读喻体词、拟体词、摹状词，对应的对偶、对比、排比词语，以及表示反语、夸张的词语，以强化语言的修辞效果。如：

大理永远是**宁静**的。它**就是**静的，像**星空**一样深邃而悠远。

你是**光**，你是**电**，你是**唯一**的神话，我只爱**你**，you are my superstar。

4. 关联性重音

关联词可以显示复句中的并列、因果、假设、承接、递进、条件、转折等语法逻辑关系，要重读。如：

只要认真练习，**就**一定能够提高。

惨象**已**使我目不忍视，流言**尤**使我耳不忍闻。

综上所述，我们一定要高度关注弱势群体的就业工作。

（六）重音轻读

重音不一定都要读得很重，从音量上看，有时要读得轻一些，以“**轻**”言“**重**”。例如：“我爱你，塞北的雪”，无论是朗诵还是演唱，这句话中的“爱”都是需要重点强调的，但如果大声地说出来就失了韵味，因此，在声音处理上音量要小一些，但语气要重一些，读的时间要长一些。重音**轻**读，音量虽小，语气却重，从而达到强调的目的。运用重音时，必须注意使整个句子语气协调、音调和谐、轻重适当。我们看下面这句话，加粗字体做重音轻读处理，加点字是次重音：

我们的哲学是**革命**的哲学，我们的诗歌是**战斗**的诗歌，**正**因为这样——我们的生活是**最美**的生活。

在读这句话时，“革命”要比“哲学”读得轻一些，但时值要长一些，语气要加重一点；尤其是“正”字，读时要声音小，时值延长至 2 秒；“最美”两个字也要读到 2 秒以上。可以计一下时间，这句话用时要达到 15 秒，否则就读得有些快了，句中所蕴含的感情便打了折扣。

朗读《雷电颂》片段，注意重音轻读（加粗字体做重音轻读处理）：

风！你咆哮吧！咆哮吧！尽力地咆哮吧！在这**暗**无天日的时候，一切都**睡**着了，都**沉**在梦里，都**死**了的时候，**正**是应该你咆哮的时候了，应该你尽力咆哮的时候！

（七）词的轻重格式

由于词义、感情的需要，词语中各个音节的发音有轻重强弱的差别，这叫词的轻重格式，可分为重、中、轻三种。短而弱的称为“轻”，长而强的称为“重”，介于两者之间的称为“中”。词的轻重格式是汉语音乐性的一种表现，不仅有区别词义、词性的作用，还有准确表达感情和语句目的的作用，具体的组合形式有以下几类。

1. 中重格式

这类词较多，读时第二个音节比第一个重些、时值长些。这类词的结构大多为：动词+名词，形容词+名词，副词+动词，第一个字辅助说明第二个字。

北京　大家　广播　睡觉　点赞　考试　动员　笔记　人生

北京——“北”部的“京”城，核心是京城，“北”辅助说明方向。“天津”就不能这样读。

广播——“广”泛地传“播”。睡觉——“睡”个“觉”。笔记——用“笔”“记”录（的本子）。

2. 重中格式

这类词不多，读时第一个音节比第二个重些、时值长些。这类词的结构大多为：形容词+名词，动词+副词，第一个字对第二个字进行统领性强调说明。

字典　芹菜　突然　责任　嗅觉　作家　提出　强调　经验

字典——查“字”的“典”籍。嗅觉——“嗅”的感“觉”。作家——写“作”的大“家”。

3. 重轻格式

第二个音节又短又弱，也就是轻声。

师傅　去吧　拿来　状元　舒服　瓷实

4. 重重格式

两个音节难分轻重，读时不宜区分明显，大多为两个字表达同样的含义。

死亡　残废　拼音　生命　镜头　原始　讲授　语言　蒙混　美丽　典故

注意：词的轻重格式需根据具体的语境进行适当的轻重处理。

例如：“生气”这个词在不同的语境中强调的重点会有所不同，“你真没必要生气”和“现在的年轻人还真是没多少生气”，第一句中的“生气”要读成中重格式——“生气”，第二句中的“生气”要读成重轻格式——“生气”。又如：“把你的学习进度报告（中重）撰写情况向老师报告（重中）一下吧！”

【请求】请仿写几句话，体现同一个词不同的强调方式。例如：“生气”或“是非”，“看到同学们了无生气，老师生气了”，“你们几个不要搬弄是非，我可没时间断你们的是非”。

仿写：

____

____

5. 中中重格式

前面两个字对第三个字进行辅助说明，以地点、名称为多。

镜泊湖　东方红　新华社　研究所　松花江　招待会　计算机　小提琴

有些北京人习惯于将它们读成中轻重，在播音中轻读容易吃字，使语意不够明确。

6. 中重轻格式

以中间的字为核心进行重点强调，第一个字一般为动作或状态，后两个字为名词性的事物或事态。

打拍子　小姑娘　吃饭了　拉关系　胡萝卜　明摆着　过日子　好意思

7. 中轻重格式

第一个字一般为动作或形容词，核心字是最后一个字，表明发展的结果。

说得好　浑不吝　架子鼓　婴儿肥　表个态　滚雪球　玻璃杯　说句话

8. 重轻轻格式

第一个字是核心字，多为动作，后两个字表明状态或结果。

飞起来　投进去　哗啦啦　乐呵呵　跑进去　笑眯眯　扔过去　喜滋滋

9. 中重中重格式

由两个中重格式的词并列构成，第二个字和第四个字是核心字，读得略重一些，读起来更有韵律感。

儿童广播　友谊第一　安居乐业　并驾齐驱　标点符号　百炼成钢　昂首阔步

10. 中轻中重格式

多为叠声词及特有名词，以第四个字为核心字，主要是通过结尾的重点强调提升听者的关注度。

高高兴兴　嘻嘻哈哈　不好意思　拉拉扯扯　社会主义　奥林匹克　大大方方

11. 重中中重格式

第一个字和第四个字是核心字，表达主体的状态、动作的效果。

义不容辞　惨不忍睹　诸如此类　不战而胜　美不胜收　敬而远之　心如刀割

可见，重音是口语表达的基本技巧，实用又常用，每句话都应该有重点强调的词语，这样听起来才**能**抑扬顿挫。请大家一**定**要多做重音方面的练习，**尤其**是参加朗诵、演讲活动时，**提前**对文案进行重音的确定，将每一句话的**重点**词语标记出来，**然后**听自己的朗读录音，看看表达**是否**正确。经过一段时间的**练习**后，逐渐形成**正确**的重音表述，**奇迹**也就诞生了。（这一段话也可以练习重音，读读看！加粗字重读，仅供参考，非唯一确定方式）

【请求】请将下列影视对白进行重音确定与朗读练习：

①有条件要上，没有条件创造条件也要上。——《创业》

②活下去，像狗一样地活下去！——《芙蓉镇》

③如果不能骄傲地活着，我选择死亡！——《红色恋人》

④说好三年，三年之后又三年，三年之后又三年，都快十年了，老板！——《无间道》

⑤做人要是没有理想，那和咸鱼有什么区别呀。——《少林足球》

⑥阿 Sir，我不做大哥很久了！——《英雄本色》

⑦有人的地方就有江湖，你怎么退出？——《东方不败》

⑧一枪一个，就是三条人命！要是碰上职业杀手，一枪两个，就是六条人命！——《寻枪》

⑨只有在卡拉面前，我才觉得自己有点人样！——《卡拉是条狗》

五、停顿

重音让我们的音调呈现出有轻有重的特点，尤其是对相同的一句话进行不同位置强调的朗读训练对提高重音技巧很有帮助，请大家一定要多多练习。我们还可以用古诗词来练习，比如：“宝剑锋从磨砺出”，可以依次对“宝剑”“锋”“磨砺”进行重音强调。

在以往的训练中，我们发现有的人在练习重音时有一个不好的现象：为了强调某个词，会在这个词的前面或后面进行明显的停顿，以此来显示这个词的重要性。虽然这是一种表达重音的方式，但是在进行重音专项训练时，不要养成这样的习惯，要学会不借助明显的停顿，而是通过增大音量、延长时值、加重语气来实现重音的表达。

说到停顿，这也是口语表达中的基本技能，每个人都会用到，只是有时候用得不够好，该停顿时没停，不该停顿时停了，应该停顿长一些的却停得很短，应该停顿短一些的却停得有些长，这样的情况都会影响口语表达的效果。

（一）什么是停顿

停顿是指说话或朗读时，在段落、语句、词语之间出现的间歇。这一方面是出于生理或句子结构上的需要，人在说话时停下来换换气或使句子结构层次分明；另一方面是为了充分表达思想感情，让听者有时间领会说话或朗读的内容。一句话停顿的地方不同，往往会表达出不同的意思。

一位领导讲话时因为停顿处理不当闹出了笑话，他的讲话是这样的："前段时间，我们进行了工资调整，加了工资的和尚/未加工资的干部，都纷纷表示要百尺竿头更进一步。"员工们一听就乐了，什么？还给和尚涨工资，新鲜！原来，这位领导说话时停顿的位置错了，应该是"加了工资的和/尚未加工资的"，因为不懂得正确的停顿，不该发生的"事故"就这样发生了。

周恩来总理是举世公认的语言大家。有一次，周总理与国民党政府代表谈判，对方理屈词穷，恼羞成怒地指责说："简直是对牛弹琴！"周总理灵机一动，巧妙地回答："对！牛弹琴！"

这是辩论中很巧妙的必杀技，利用对方说过的话，改变停顿方式来回击对方，有雷霆万钧之势。

（二）停顿的表达方式

停顿最基本的表达方式可以通过声音的停歇来实现，有时候还可以利用语调、语气等方式来增强表达效果，疑问句、感叹句结尾多用升调，其他句式结尾则用降调。在句子中间或上下文句意联系非常紧密的地方，也可以采用升调来表示停顿。例如："松下问童子，言师采药去"，两句诗之间一问一答，衔接紧密，因此，在"童子"后面采用升调来表示停顿更能模拟出现场的情境。

停顿分为两种：一种是刚性停顿，另一种是柔性停顿。

1. 刚性停顿

指上下文之间的情感连接不需要太紧密，停顿处不需要倾注过多的感情，表达时不需要使用过多的语调、语气等技巧，只需考虑停顿时间。段落、句子之间的停顿大多属于刚性停顿。

2. 柔性停顿

指上下文之间的情感连接比较紧密，停顿处需要倾注较多的感情，表达时不仅需要考虑停顿时间，还需要运用语调、语气等技巧，多为句子中间或语义衔接非常紧密的两个部分之间的停顿。

例如：曾经/有一份真挚的爱情放在我面前，我没有珍惜，等到失去的时候/才后悔莫及，人世间最痛苦的事莫过于此。

在"曾经"后面停顿，表达回忆的感觉，而且"曾经"用升调更能表达出回忆的意境；“没有珍惜”后面虽然有个逗号，但可以采取不停顿的处理以加深对“失去”的惋惜之情；在“时候”后面做较长时间的停顿，并加重语气，以激发听者迫切想要知道结果的焦急之情。

例如：你们说/这还有没有王法？老百姓/还有没有活路？

在“说”和“老百姓”后面做较长时间的停顿，并用升调引起听者对后面内容的关切。

还有一种情况也属于柔性停顿，就是介绍人名或称谓等。例如：“参加《妙语人生》演讲比赛的有艾学席、药艰池、常弩丽、惠程公。”朗读这句话时，要在人名后稍做停顿，语调微上扬，给人声断意不断的感觉，传达出还有人没介绍完的意思，最后一个人名用降调收尾，表示人名读完了。

有些外国人的名字很长，介绍时要按照命名原则依次念出，并在每一个停顿处做升调处理，不然会让听者以为不是一个人而是好几个人。例如：弗拉基米尔·伊里奇·乌里扬诺夫是列宁的原名，威廉·亚瑟·菲利普·路易斯·蒙巴顿·温莎是英国威廉王子的全名。

新华社北京6月13日电　中共中央总书记、国家主席、中央军委主席、中央财经领导小组组长习近平6月13日主持召开中央财经领导小组第六次会议，研究我国能源安全战略。

上文报道所提到的人物称谓在朗读时要有**声断意不断**的感觉，体现出所说的是一个人。

（三）停顿的确定原则

1. 语法停顿

“哥白尼认为，日月星辰绕地球转动这种说法是不对的。”这句话必须在逗号处加以停顿，如果在逗号处不停顿，在一个特殊的词后面停顿，表达的意思就完全与之相反了。可见，这样的句子必须按照语言规则进行必要的停顿。

提示：

“哥白尼认为，日月星辰绕地球转动/这种说法是不对的。”若是在逗号处不停顿，在“转动”后面停顿，则不是在赞颂而是在批判哥白尼了。

语法停顿，即运用标点符号按照表达需要将不同的意群加以分隔，使语意层次分明。

一般情况下，停顿时间的长短需遵循这样的原则：段落之间 > 句子之间 > 句子内部 > 句号，句子末尾的问号、叹号、省略号 > 分号和冒号 > 逗号 > 顿号。

2. 逻辑停顿

逻辑停顿，即为了突出某一事物，强调某一观点，表达某种感情，在句子中没有标点符号的地方做适当的停顿。

例如：

中国特色社会主义/进入**新**时代，**意味**着/近代以来久经磨难的**中华民族**/迎来了/从/**站**起来、**富**起来/到/**强**起来的**伟大**飞跃，**迎来**了/实现中华民族伟大**复兴**的/**光明**前景；**意味**着/科学社会主义/在二十一世纪的**中国**/焕发出/**强大**生机活力，在世界上/**高高**举起了/**中国特色**社会主义/**伟大**旗帜……

党的**十九大**/**承担**着/谋划/**决胜**全面建成小康社会、**深入推进**/社会主义现代化建设的重大任务，**事关**/党和国家事业/继往开来，**事关**/中国特色社会主义/前途命运，**事关**/最广大人民/根本利益。

“党的十九大”后面没有标点，但为了突出会议的重要性，要有一个逻辑停顿，而且停顿的时间要长些。“承担着”“谋划”“深入推进”和三个“事关”等词之后都没有标点，但要停顿，因为在读这些词之后稍有停顿可以把“十九大”的历史意义更有层次、更突出地表达出来。

再来看初中语文《狼》这篇课文中的一句话，“其一犬坐于前”，按照语义的逻辑关系，这句话应该在哪里停顿呢？这句话应在“其一”的后面停顿，意思是其中的一条狼像狗一样坐在前面。

再来分析《捕蛇者说》中“然得而腊之以为饵”，根据文意，停顿应该处理为：然/得而腊之/以为饵。

电影《两小无猜》中有一句台词：“好的爱情是你通过一个人看到整个世界，坏的爱情是你为了一个人舍弃世界。”这句话中有一个并列的逻辑关系，因此虽然有的地方没有标点，也需要停顿，“好的爱情/是你通过一个人/看到整个世界，坏的爱情/是你为了一个人/舍弃世界。”

请为下面这句话做停顿处理：

嗟乎！师道之不传也久矣！欲人之无惑也难矣！

> **提示：**
> “嗟乎！师道之不传也/久矣！欲人之无惑也/难矣！”切不可处理成：“嗟乎！师道之不传/也久矣！欲人之无惑/也难矣！”

3. 感情停顿

感情停顿，即为了突出某种感情而做出的停顿，通常出现在感情表达强烈的地方。比如：激动万分、伤心欲绝、愤怒至极等。在感情停顿处往往要配合感情重音，通过呼吸急促或屏住气息等技巧来表现。一般来说，感情停顿的时间要比语法停顿和逻辑停顿的时间长。例如：

中国共产党/第**十九**次全国代表大会，是在/**全面**建成小康社会**决胜**阶段、中国特色社会主义/进入**新时代**的**关键**时期/召开的一次/**十分重要**的大会。

通过这样的停顿处理，更能突出说话者的内心情感，更能表达出所说事情的重要性。

又如：

我们还记得，我们的一个伤员在您家里休养，敌机来了，您丢下自己的小孙孙，把伤员背进了防空洞；当您再回去抢救小孙孙的时候，房子已经炸平了。(《再见了，亲人》，魏巍)

为了充分表达战士对大娘的感激之情，有一处虽然没有标点符号，却要进行长时间的感情停顿处理，就是在“房子”后面，表达出大娘所付出的巨大牺牲。前面那些句子虽然有标点，但为了表现当时的紧迫性和大娘自然而然地把抢救伤员放在第一位，忍痛放弃小孙孙的真挚情感而采取不停顿的方式，从而与“房子”后面的长时间停顿形成鲜明对比。

请注意我上面解释的这句话，“但为了表现当时的紧迫性和大娘自然而然地把抢救伤员放在第一位，忍痛放弃小孙孙的真挚情感而采取不停顿的方式”，写出来是可以只有一个标点的，但在讲课的口语表达中却必须进行停顿：

“但为了表现当时的紧迫性/和大娘自然而然地/把抢救伤员放在第一位，/忍痛放弃小孙孙的真挚情感/而采取/不/停顿的方式”。

教师通过这样适当的停顿，能够有效地调动学生跟随教师的思路学习，启发学生得出结论，而不是生硬地灌输给学生答案。讲课时，教师如果不注意停顿的处理技巧，那么讲授的效果就会大打折扣。

“前两天，市委书记在牡丹江师范学院和历史与文化学院师生座谈时，一再强调大学生创新创业工作要常抓不懈。”读这句话时，要注意停顿。“牡丹江师范学院”后面虽无标点，但朗读时必须停顿一下，因为这儿的“和”是介词，不是连词。“座谈时”后面虽有标点，但可以不停顿，与下半句连起来读。在“工作”后面停顿，表明对此项工作的重视。处理后的停顿方式是，“前两天，市委书记/在牡丹江师范学院/和历史与文化学院师生座谈时，一再强调/大学生创新创业工作/要常抓不懈。”

“今夜就飞去大理吧。在那里与你童年的故乡记忆相遇，与你少年时痴迷的小说相遇，与你曾经看过的旧电影相遇，与你一直想要的温柔相遇。”我们对这段话做停顿的分析，注意体现那种心向往之的急迫心情。几个并列式的句子之间虽有标点，但不宜停顿，而是应该连读，在最后一个“相遇”前做短暂停顿。处理后的停顿方式是，“今夜/就飞去大理吧。在那里/与你童年的故乡记忆相遇，与你少年时痴迷的小说相遇，与你曾经看过的旧电影相遇，与你一直想要的温柔/相遇。”

停顿处理方式练习：

女生专用

从现在开始，你只许疼我一个人，要宠我，不能骗我，答应我的每一件事都要做到，对我讲的每一句话都要真心，不许欺负我，骂我，要相信我。别人欺负我，你要在第一时间出来帮我，我开心了，你就要陪着我开心，我不开心了，你就要哄我开心。永远都要觉得我是最漂亮的，梦里面也要。(出自电影《河东狮吼》)

这段话只在第一个逗号和第一个句号后做语法停顿，其他的标点处都不停顿，体现表白的独特性。

男生专用

曾经有一份真挚的爱情放在我面前，我没有珍惜，等到失去的时候才后悔莫及，人世间最痛苦的事莫过于此。如果上天能给我一个再来一次的机会，我会对那个女孩子说三个字：我爱你。如果非要在这份爱上加上一个期限，我希望是一万年。(出自电影《大话西游》)

影片用喜剧的方式表达悲剧的内涵，为了独特地表达出内心的忏悔与对人生的感悟，在口语表达时采取弱化语法停顿，加强感情停顿的处理方式。

把下面两段话做停顿处理并朗读几遍：

当明天变成了今天成为了昨天，最后成为记忆里不再重要的某一天，我们突然发现自己在不知不觉中已被时间推着向前走，这不是静止火车里，与相邻列车交错时，仿佛自己在前进的错觉，而是我们真实地在成长，在这件事里成了另一个自己。

(出自电影《单身公寓》)

昨天，徐福记者编排福建少林寺和尚来厦门口岸边检站迎接从不丹王国加冕典礼现场赶来参加法地方丈《金刚经》经典经句警世经验交流会会议报道时发现标题太长不好理解。

以上是对停顿的简单介绍，核心是根据表达需求选择合适的停顿方式，注重体会声断意不断的停顿技巧。当我们能够把重音和停顿技巧掌握得很好时，抑扬顿挫的感觉就基本具备了。请你选一些文章进行重音、停顿的专项突破，多利用日常口语交流，加强对重音、停顿技巧的运用，自然可以熟能生巧。

六、语调

只有学会用十五种至二十种声调来说“到这里来”的时候，只有学会在脸色、姿态和声音的运用上能做出二十种格调的时候，我就变成一个真正有本领的人了。

——马卡连柯

在重音、停顿的基础上，语调也是口语表达中不可或缺的要素，是实现语言抑扬顿挫的重要方式。语调是语言的调节剂，可以让口语表达变得丰富、生动起来，如果缺乏语调的变化，语言就会变得平淡无味。

（一）什么是语调

语调，即说话的腔调，指一句话在语音上的抑扬顿挫。语调往往能传递很多信息，能对听众的心理产生极其微妙的特殊作用。恰当地运用语调，能使谈话更加吸引人。有时候，即使语言不通，人们却能从语调中理解对方的情感，感受对方的心情。

苏格拉底说："请开口说话，我才能看清你。"言为心声，语言会透露出一个人的所思所想、文化品位、喜怒哀乐等，这些内在信息的获得是通过说话人的语调呈现出来的。

我国有句俗语："锣鼓听声，听话听音"，这句俗语提示我们，要注意通过说话人语调的变化辨析出话语背后的真正含义。

萧伯纳说："书写的艺术，哪怕在文法上修饰得非常好，在表达语调上却无能为力。比如：'是'可以有50种说法，'是不是'也许有500种说法，可是写法只有一种。"——这就是语调的魅力。

请尝试用不同的语调说说"是"或"是不是"，再试试能不能用25种语调说出"到这里来"。

语调有广义与狭义之分。广义上是指涵盖重音、停顿、语气等技巧在内的整体感觉，体现说话人内心的情感；狭义上是指在语句调值上的升降变化。为便于讲解，下文仅从狭义的角度进行分析，而在后续章节中提到的语调有时是广义的。

（二）语调的种类

在口语表达中，根据表达的需要对语句进行升降调的处理，形成不同的语调。适宜的语调起着润饰语言，使语意清晰的重要作用。语调变化因人因事而定，通常有以下几种情况：

1. 升调

句尾语调变高，表示怀疑、反诘、惊诧、兴奋。升调的特点是前低后高，整个句子的后半句声调明显升高，句尾音节比较高亢。当人们在提出问题、情绪亢奋、发号施令、宣传动员等情况下会用升调。例如：

①你天天不练习能提高口语吗？（怀疑）

②怎么，我说错了吗！（惊诧）

2. 降调

句尾语调变低，表示肯定、感叹、请求、强调。降调的特点是前高后低，声调逐渐降低，句尾音节短而低。降调是日常交际中运用最广泛的一种语调变化，它多用于情绪平稳的陈述句、感情强烈的感叹句、表达愿望的祈使句等。例如：

①是的，你没说错。(肯定)

②老师强调的重点你别忘了。(强调)

③就让我们一起努力，掌握语调吧。(请求)

3. 平调

句头句尾语调不变，表达庄重严肃、冷淡漠然、踌躇不决等语义。平调的特点是声调比较平稳、舒缓。例如：

①别说别人，先把自己管好吧。(冷淡)

②3月1日下午2点3刻，当代最伟大的思想家停止思想了。(严肃)

4. 曲调

曲调，顾名思义就是声调不断由高转低，自低升高，或由低转高，再降低。运用曲调可以充分表达言外有意、幽默含蓄、讽刺嘲笑、夸张等语义。例如：

①哎哟喂，你倒好意思说我，想想你当初是怎么答应我的。(讽刺)

②鲁迅在《半夏小集》中写过这么一段对话（B的表述可以设计成曲调)：

A：B，我们当你是一个可靠的好人，所以几种关于革命的事情，都没有瞒了你。你怎么竟向敌人告密去了！

B：岂有此理！怎么是告密！我说出来，是因为他们问了我呀。

A：你不能推说不知道吗？

B：什么话！我一生没有说过谎，我不是这种靠不住的人！

【请求】 请根据提示，用恰当的语调说说下面两句话。

你去过那地方？

①高兴（这太好了！）　②惊讶（真没想到！）

③怀疑（这可能吗？）　④责怪（你不应该去呀！）

⑤愤怒（太不像话了！）　⑥惋惜（唉！无可挽回的过失。）

⑦轻蔑（这种地方你也去，你是什么东西？）　⑧冷漠（去没去过无所谓。）

你怎么能这样！

①奇怪（忽然变卦了？）　②气愤（你竟然干这种事？）

③埋怨（来得太晚了！）　④惋惜（多下点功夫就好了！）

⑤感激（考虑得太周到了！）　⑥嗔怪（你真会缠人啊！）

【游戏】2-08　词语接龙

一钱太（　）株待（　）死狐（　）欢离（　）纵连（　）阳雁（　）织劝（　）富五（　）水马（　）飞凤（　）文弄（　）守成（　）言矩步

七、语气

在语调训练中，我们可以将一句话用不同的语调说，以表达不同的思想感情。大家会发现，要想准确地表达出内在的情感，仅仅通过语调的升降是远远不够的，我们还会自然而然地运用到重音、停顿、语气等，语言艺术是各种技能技巧综合运用的结果。下面我们来说一说语气。

（一）什么是语气

语气是指说话者通过不同的气息运用、发声方式来表达内心的喜怒哀乐。

（二）语气的种类

在口语表达中，人们往往会通过语气流露出自己的情感。

我们来体会一下几种不同的语气：

1. "爱"的语气：气徐声柔

我们回到家，母亲会关切地询问："累不累？饿了吧，快吃饭吧，有你爱吃的红烧肉。"气息徐缓，声音轻柔。没有谁的母亲会恶狠狠地说这句话吧？

著名诗人舒婷的《致橡树》："假如我爱你，绝不像攀援的凌霄花，借你的高枝炫耀自己。"朗读这种诗句的时候，就要用到爱的语气。

发声特点：气息满，口腔松，咬字轻，出声柔和，以鼻腔共鸣为主。

我们对小朋友、老人说话时，大多要使用这种语气。

2. "恨"的语气：气促声硬

这种语气在现实生活中用到的机会不多，如果谁的口语表达有这样的特点，那应该是很难与他人相处的。

"快吃饭吧，干啥啥不行，吃啥啥不剩。"（这得有多大的仇和恨哪！）

发声特点：气息猛，口腔紧，在挤压、阻塞状态中出声，吐字有力。

"今天，这里有没有特务？你站出来！"（这是闻一多先生在李公朴先生的追悼会上对台下捣乱的特务们的厉声训斥，表达这种情感时需要用"恨"的语气，要咬牙切齿地说："你站出来！"）

这种语气建议大家少用。

3. "怒"的语气：气粗声重

怒和恨的语气有些相似，但程度要轻一些。恨的气息是短促的，如："我恨你"，气息流出的速度很快。"怒"的语气则要缓和一些，气息流出的速度不是很快，但猛烈、厚重，如："滚，你给我滚出这个家，就当我没有生过你，养过你"。

发声特点：气息粗，语势迅猛，吐字重实有力。

①革命烈士陈然在狱中写下了这样的诗句：

“**毒刑拷打**算得了什么，**死亡**也无法叫我开口！”

朗读时要用愤怒的语气，一字一顿，坚定有力。此外，我们还可以加入一些嘲讽的语气。

②我们看《爱情公寓》中的这段对白，胡一菲用的就是“怒”的语气：

展博：“姐，如果有一个人深深地伤害了你，那你要多久才能原谅他？”

一菲：“原谅他？原谅他是上帝的事情，我的任务，就是送他去见上帝！”

③再看作家莫言的《蛙》中的一段话：

“姑姑，要不就让她生了吧，”我沮丧地说，“党籍我不要了，职务我也不要了……”

姑姑猛拍桌子，震得我面前水杯中的水溅了出来。

“你太没出息了！小跑！”姑姑说，“这不是你一个人的事！我们公社，连续三年没有一例超计划生育，难道你要给我们破例？”

“可她寻死觅活，”我为难地说，“真要弄出点事来可怎么办？”

姑姑冷冷地说：“你知道我们的土政策是怎么规定的吗？——喝毒药不夺瓶！想上吊给根绳！”

“这也太野蛮了！”

“我们愿意野蛮吗？在你们部队，用不着这样野蛮；在城市里，用不着这样野蛮；在外国，更用不着野蛮——那些洋女人们，只想自己玩耍享受，国家鼓励着奖赏着都不生——可我们是中国的农村，面对着的是农民，苦口婆心讲道理，讲政策，鞋底跑穿了，嘴唇磨薄了，哪个听你的？你说怎么办？人口不控制不行，国家的命令不执行不行，上级的指标不完成不行，你说我们怎么办？搞计划生育的人，白天被人戳着脊梁骨骂，晚上走夜路被人砸黑砖头，连五岁的小孩，都用锥子扎我的腿——”姑姑一撩裤脚，露出腿肚子上一个紫色的疤痕——“看到了吧？这是不久前被东风村一个斜眼小杂种扎的！”

【请求】假定你就是这位姑姑，有感情地朗读一下吧！请注意语调、语气的变化。

4.“喜”的语气：气满声高

这是一种最放松的语气，没有压力，没有烦心事，给人一种轻松愉悦的感觉。

发声特点：气息顺畅，全身放松，出语轻快，发声宽松自如。

看看著名诗人海子为我们描绘的人生：

从明天起，做一个幸福的人

喂马、劈柴，周游世界

从明天起，关心粮食和蔬菜

我有一所房子，面朝大海，春暖花开

用“喜”的语气说话时，面部表情是放松的。这不仅仅是一种语气，更是一种生活态度，要乐观地面对一切。

5. “悲”的语气：气沉声缓

在朗诵、演讲、辩论中经常会用到“悲”的语气，在日常生活中较少运用。

发声特点：气息沉，出声轻缓，口腔欲紧又松，气先声后，似有阻滞。

①“十年生死两茫茫，不思量，自难忘。千里孤坟，无处话凄凉。”

这是大文豪苏轼悼念亡妻之作，写得情真意切，读来令人黯然神伤。因为悲伤，所以朗诵时要注意有阻滞的感觉，重点的字词让气息先出，然后发声。

②作家余秋雨在《文化苦旅》中讲述了敦煌石窟的罪人——王道士：

他从外国冒险家手里接过极少的钱财，让他们把难以计数的敦煌文物一箱箱运走。今天，敦煌研究院的专家们只得一次次屈辱地从外国博物馆买取敦煌文献的微缩胶卷，叹息一声，走到放大机前。

偌大的中国，竟存不下几卷经文？比之于被官员大量糟践的情景，我有时甚至想狠心说一句：宁肯存放在伦敦博物馆里！这句话终究说得不太舒心。被我拦住的车队，究竟应该驶向哪里？这里也难，那里也难，我只能让它停驻在沙漠里，然后大哭一场。我好恨！

诵读这样的文字，内心是郁结的，语气是悲伤的。

以上是几种语气的发声特点与用法，请仔细揣摩，结合具体文章，多加实践。

【请求】 请确定下面几段话的重音、停顿、语调、语气。

男生：你喜欢我吗？
女生：你猜。
男生：喜欢！
女生：你再猜。

小明：爸爸，我是不是傻孩子呀？
爸爸：傻孩子，你怎么会是傻孩子呢？

病人：你赚钱可真容易，3 秒钟拔个牙就赚了 300 元。
医生：如果你愿意，我也可以用 3 分钟赚这 300 元。

鱼对水说：我时时刻刻都把眼睛睁着就是为了确认你一直都在我身边。
水对鱼说：我终日流淌不知疲倦就是为了紧紧把你拥抱，永不分离。
锅对火说：你别着急，就让他们多说两句吧！

火对锅说：装，数你能装，好人都让你装了！

（三）声音化装

有时候，人们还会利用语气对声音进行化装，如：气声、沙哑声、拖腔、哽咽、鼻音、喉音等，来为表达情感服务。

1. 气声

声气混合，气大于声，声带放松，对声门做弹性控制。这种发声方式可以表达感叹、惊讶等情状，表述心理活动或烘托气氛。下面这段话中画波浪线的部分，请用气声表达：

玉宝/这几天闹肚子，躺下没多久/就起来去解手。他回来的时候，看见/有个家伙/手里拿根长木棍，轻手轻脚地走到鸡窝边。这是谁呢？晚上没有月亮，看不清脸面。玉宝心想："怕是来偷鸡的，我不吱声。有钱人的鸡，偷了活该。把鸡都偷走，就不能啼明了，我们还多睡会儿觉呢。"正想着，只见那人伸起脖子，用手捂住了鼻子。玉宝倒替他担起心来，心里说："小心点儿呀！叫周扒皮听见，把你抓起来就坏了。"

2. 拖腔

有意将某些字音拖长（有时辅以弱化或上扬），表达思索、领悟、犹豫、揣度、惶恐、哀告、激动、惊呼等情状。

同学们齐声哀求道："老师呀！题太多了！您再给划划范围吧！"

老师说："你们怕什么呢？我没有说不给划呀！啊，你们大概是误解我的意思了。"

3. 笑语

口腔宽松，发声趋前鼻音区，显得明亮欢快，带着笑意，常用来表达愉悦、亲近、调侃、嘲讽等情状。

例如："看看你那张大脸，每次站你旁边我手机都没有信号，走到马路上都看不到太阳。"说这类调侃的话时，脸上要有笑容，间或伴有笑声。

4. 拟声

改变通常发音的位置和发音器官的形状来模拟物声或人声。拟声并非原声的翻版，追求的是神似。

老师："我听说有的同学不想学《妙语人生》了，有这回事吗？说我成天像个没牙的老太太似的絮絮叨叨：'同学们，你们可得好好学呀，说话可太重要了！'还有的说我像个神经病一惊一乍的：'来吧，让我们一起大声地喊出来，天生我材必有用，千金易得我难求！'怎么着，我做错了吗？我图个什么呀！"

语气表达不能有做作的痕迹，古人云："强哭者虽悲不哀，强怒者虽严不威"，语气表达要与感情的自然流露融为一体。请同学们结合具体情况，细细品味，多加练习。

【请求】请确定下面几段话的重音、停顿、语调、语气。

刘宏韬遇一留学生，上前搭讪。

刘宏韬："Hello, I am Hongtao Liu."

留学生："你好！我是方片七！"

患者："大夫，手术危险吗，成功的可能性有多少？"

大夫："啊，放心吧！这种手术我已经做过99次了。"

患者："哦，那这次一定没问题了！"

大夫："我也希望能成功一次！"

患者："你说什么？"

大夫："我说，我希望手术一次成功！"

八、语速训练

同——学——们——好！大家回想一下我们的中小学阶段，每天上课前的一个仪式——师生互相问好，这是一种礼节，也是非常好的教学组织方式。我要强调的不是礼节，而是一种现象，仔细回想一下，师生之间的问好是有规律的：教师说得短促，学生回应得也短促；教师拉长音，学生也会拉长音。

教师的性格不同，问好的时长也会不同，传达出的情感亦会不同。说话的速度是口语表达中的重要方面，称为语速。

（一）语速的作用

语速是表情达意的一种重要手段。语速快，会使人感到急促、紧张；语速慢，会使人感到安闲、平静。语速的快慢与表达内容、环境气氛、说话人的情绪有关。通常情况下，表述说明、叙述的内容语速适中，抒情、议论的内容语速稍慢，振奋人心的内容语速较快。

语速的快慢体现了说话人的情绪变化和表达意图，是要使群情振奋，还是要让人深思回味。下面一段话用不同的语速表达，产生的效果也不同：

有志者，事竟成，破釜沉舟，百二秦关终属楚；

苦心人，天不负，卧薪尝胆，三千越甲可吞吴。

如果是教师授课，讲解这副对联的出处、喻义时，要读得慢一些，让学生用心体会文字的含义；如果是演讲者演讲，就应该说得快一些，坚定有力，催人奋进。

通常情况下，表现忧伤、消沉、哀怨等情绪时，语速会慢一些；表现激动、愤怒、喜悦等情绪时，语速会快一些。

例如，朗诵《再别康桥》时，语速是慢的：

轻轻的我走了，正如我轻轻的来；我轻轻的招手，作别西天的云彩。

朗诵《雷电颂》的这一段时，语速是快的：

啊，这宇宙中的伟大的诗！你们风，你们雷，你们电，你们在这黑暗中咆哮着的，闪耀着的一切的一切，你们都是诗，都是音乐，都是跳舞。

【请求】 读读上面这几段话，感受不同的语速变化，用手机计时。“轻轻的我走了，正如我轻轻的来；我轻轻的招手，作别西天的云彩。”这句话要读到 15 秒以上。

慢读不好掌握，因为在慢读的过程中还要让人感到情未断、意未断。慢读要多加练习。

（二）语速变化的原则

语速变化一方面是为了体现情绪的变化，另一方面是为了准确地表达语义。从说话的本质看，让人听明白是最根本的目的，重音、停顿、语调、语气等技巧的运用，都是为了让人听明白。那么，如何通过语速变化实现“让人听明白”这一目的呢？

1. 分清主次，重要的内容说慢一些

不论是一句话，还是一段话，我们不可能将每个字、每个句子说的时长都一样，那就有如念经一样，一般人是听不下去的。我们要确定一些核心词语或句子，也就是说话的主要内容，这部分要说得慢一些，起到加深印象、帮助理解的作用。我们来看这条新闻：

新华社北京 3 月 20 日电：记者从文化部 20 日举行的第一季度例行新闻发布会上获悉，国际电信联盟近日发布手机（移动终端）动漫国际标准。这一标准由中国自主原创、主导制定，是我国文化领域的首个国际技术标准。

这条新闻的第一句强调的是“20 日”“文化部”“国际电信联盟”“手机（移动终端）动漫国际标准”这几个关键词，读的时候就要把这几个词读得慢一些，其他的词读得快一些，这样听起来就有重点、有节奏。

而在这段话中，第二句是重点，因此，读第二句时的声音要比读第一句时略大，同时，要将“中国自主原创”“主导制定”“文化领域”“首个”“国际”这些关键词读得慢一些、重一些，其他地方要快读。

2. 分清难易，难以理解的内容说慢一些

在口语表达中，有些词语可能不容易让人们理解，或是容易产生歧义，为了让人们有更多的时间理解，就要说得慢一些，而一听就明白的词语可以说得快一些。

语速变化的原则是有快有慢，每个字或词语之间所用的时长不能都一样。例如：说“众里寻他千百度”时，哪几个字可以说得快一些呢？对，“众里寻他”可以说得快一些，“千百度”则可以说得慢一些，这样就形成了一种节奏感。

我们来练习下面几段话，体会语速的变化：

①我们说语言的学习需要有囊萤映雪的刻苦精神，有程门立雪的拜师精神。

②埋在地下的水管破了，他赶快下地把地上的书挪到炕柜底下。

③你以为你以为的就是你以为的。

经过这些天的学习，大家的口语表达水平已经有所提高了吧。让我们坚持练下去，只要勤学苦练，就一定能不断进步。

【请求】请运用重音、停顿、语调、语气、语速等技巧表达出下面这段话中不同人物的语言特点。

公主与强盗

强盗绑架了公主，公主拼命挣扎，强盗说："你尽管叫破喉咙吧，没有人会来救你的！"

于是公主大声喊了起来："破喉咙！破喉咙！"

正当强盗狐疑不解时，没有人来了："公主，破喉咙让我来救你了。"

强盗一脸苦笑地说："还真是说曹操，曹操到啊！"

话音刚落，曹操飘然而至："小贼，找本丞相何事？"

强盗快疯了："看见鬼了！"

阴森恐怖的声音从远处传来："哇，被发现了，不应该呀！"

紧接着，哇说话了："胡说，谁发现我了？"

胡说："谁知道谁发现你了！"

谁："都消停会儿，关我什么事啊！"

强盗看傻眼了，撕心裂肺地喊："Oh，My God ！"

蓦地，上帝的天籁之音传来："谁叫我？"

谁："没有人叫你呀！"

没有人："我没叫呀！公主叫破喉咙，破喉咙叫我来救公主！"

强盗彻底疯了，抱头狂喊："Oh，My God ！Oh，My God ！"

上帝："Oh，My God！祸是你惹的！God bless you！"

所有人都走了，强盗仍坐在那儿不停地嘟囔着："Oh，My God ！Oh，My God ！"

九、音变（轻声、儿化、变调）

经过这一段时间的学习，我们对口语表达的基本技巧已经大致了解了。今天，让我们继续努力，向成功再迈进一步，说说语流音变的问题。

（一）什么是音变

在口语表达中，前后相连的两个字，由于相互影响，读音会发生变化，这种变化叫作音变。有些字音在特定的情况下，会出现轻声、儿化、变调的现象。掌握正确的音变，能使我们的口语表达听起来更悦耳、亲切、标准。

（二）音变的类型

1. 轻声

音节和音节连说时，有的音节失去了原来的声调，变成一种又短又轻的声调，这就是轻声。

口语中常把一些词语的尾字说得很短很轻，如：石头、妈妈、傻子、商量、风筝、功夫、衣服、本事、月亮等。语气助词“啊”“吧”“吗”“呢”和助词“的”“地”“得”“着”“了”“过”都说得很轻，这样听起来活泼、柔和。

【请求】练习：

①慢慢地，好得很，你说呀，来了吗，他来过。

②轻轻的我走了，正如我轻轻的来；我轻轻的招手，作别西天的云彩。

2. 儿化

在一个音节的末尾加上卷舌的动作，使这个音节的韵母具有卷舌音，这就是儿化。

这是口语表达的一个显著特点，如：“小孩”要读成“小孩儿”，“轻点”要读成“轻点儿”，这样表达更轻快、流畅。

请试着读读：山坡儿，唱歌儿，宝贝儿，手绢儿，豆汁儿，练字儿。

在表达庄严、肃穆的感情时，不宜儿化。

3. 变调

由于相连音节的相互影响，使某个音节的调值发生了变化，叫作变调。

（1）上声变调的规律

在句子中间，上声受后续音节影响产生变调。一种情况是在非上声音节前，读半上调，即只降不升，调值为211，例如：“好人”“老师”“老了”等；另一种情况是两个上声音节相连时，前一个上声音节变为阳平，调值为24，例如：“老马”“小李”“好歹”“处理”“婉转”等；还有一种情况是表示亲属称谓的上声叠音词，由于后面的音节读轻声，前一个音节就读半上调，调值为211，例如：“姐姐”拉“嫂嫂”，“婶婶”扶“姥姥”等。

（2）“一”和“不”的变调

①“一”的本调是阴平，但在去声前要读成阳平。例如：“一个”“一落千丈”中的“一”要读成“yí”。

②有时“一”在一些非去声前要读成去声。例如：“一帆一桨一渔舟，一个渔翁一钓钩。一俯一仰一场笑，一江明月一江秋”，在这首诗中，除了“一个渔翁一钓钩”中的两个“一”读成阳平，其余的“一”都读成去声。

③“不”的本调是去声，但在去声前要读成阳平。例如：“不饿”“不去”等。

此外，“一”和“不”夹在词语中间时，要念轻声。例如：“跑一跑”“跳一跳”“跑不动”“跳不了”“试一试”“好不好”等。

【请求】练习：悄悄的我走了，正如我悄悄的来；我挥一挥衣袖，不带走一片云彩。

(3)“啊”的音变

“啊”在句末表示各种不同的语气和感情，往往与前一个音节连读时产生音变，读成“呀”“哇”“哪”等。

“啊”在 a、o、e、i、u、ü 后念 ia（呀），“你说的是他啊！”“多么迷人的秋色啊！”“好大的雨啊！”“这是谁泼的水啊！”

“啊”在 u、ao、iao 后念 ua（哇），“这树长得多好啊！”“我都十八了，还小啊！”“听说那有很多新书啊！”

“啊”在 zhi、chi、shi 和 er 后念 ra（啊），在 zi、ci、si 后念 za（啊），“唐诗啊，宋词啊，他能背两百多首！”“这可不是闹着玩儿啊！”

“啊”在 n 后念 na（哪），在 ng 后念 nga（啊），“今年可真是风调雨顺啊！”“共产党啊，是真行啊！”

【请求】练习：他这时高兴得不知说什么好啊！他还说什么呢？人类的语言的确有不够表达情感的时候。……生宝觉得生活多么有意思啊！太阳多么红啊！天多么蓝啊！庄稼人多么可爱啊！他心里产生了一种向前探索的强烈欲望。

十、体态语言

刘鹗在他的小说《老残游记》中有一段关于艺人王小玉上台说唱的描写：“……她将鼓棰子轻轻地点了两下，方抬起头来，向台下一盼。那双眼睛如秋水，如寒星，如宝珠，如白水银里头养着两丸黑水银，左右一顾一看，连那坐在远远墙角里的人都觉得她看见自己了。那坐得近的，更不必说。”

这是一段刻画说唱艺术的描写，用了大段的文字描写艺人说唱前的动作，主要是眼神。这段文字虽然没有描写艺人说唱得有多好，却让人感受到说唱得真是好，未成曲调先有情。一句还没唱，人们怎么就已经感觉到妙了呢？眼神的魅力，不是艺术家没有这眼神，这叫“范儿”。这个“范儿”也是一种语言，是无声胜有声的语言，这就是体态语言。

（一）什么是体态语言

体态语言又称“态势语”“动作语”“肢体语言”等，是用身体动作来表达情感、交流信息、说明意向的人体语言，包括姿态、手势、面部表情和其他非语言动作，如：点头、摇头等。它常被认为是辨别说话人内心世界的主要依据，是人们在长期的交际中形成的一种约定俗成的自然符号，与文化背景有一定的关系。

（二）体态语言的作用

体态语言利用视觉补偿拓宽了信息传递的渠道。一次成功的口语交际，一次优秀的课堂教学，不仅得益于好的口语表达，也必然伴随着自然得体的体态语言。体态语言的运用，是口语表达的基本功。

美国传播学家艾伯特·梅拉比安得出一个有趣的公式：

一条信息的表达=7%的语言+38%的声音+55%的人体动作

这表明：人们获得的信息大部分来自视觉印象。

美国心理学家艾德华·霍尔曾十分肯定地说：“无声语言所显示的意义要比有声语言多得多。”

人们在有声语言的基础上，通过观察说话人的体态语言能够更加准确地了解其内心的真实想法。体态语言能够有效地丰富、补充、强化有声语言。

可见，察言观色能帮我们体会出对方的言外之意。

同理，我们也要为对方提供尽可能多的体态语言，帮助其全面、准确地理解我们的有声语言。

【请求】请选一首古诗读一读，根据诗意设计出几个动作。

例如：“少小离家老大回，乡音无改鬓毛衰。儿童相见不相识，笑问客从何处来。”请设计出几个动作、表情，配合朗诵。

（三）体态语言的种类

体态语言的种类说多不多，说少不少。

说它种类不多，是因为体态语言无非是通过眼神、表情、身体动作等来传情达意的。对着镜子看看，你能做出几个表情，摆出几个动作？

说它种类不少，是因为擅于表达的人还真就能千变万化，展现出丰富多彩的体态语言来。

1. 表情

表情是我们运用体态语言进行传情达意时最有看点的部分。表情主要指面部肌肉的收展，面部的光色及纹路的细微变化，可折射出人的内心世界的变化。人的喜怒哀乐大多是通过表情来传达的。一个面目温和的人更容易吸引听者的目光，从而强化其口语表达的效果；而一个面目狰狞的人则较难吸引听者关注的目光，会导致听者视觉与听觉的分离，即听者虽然听着他的声音，眼睛却看着别处，这样就会弱化说话者口语表达的效果。当然，这不是美与丑的问题，而是亲切与冷漠、喜爱与厌恶的问题。我们不奢求天生丽质，但一定要追求和蔼可亲。

我们在运用表情时，要真诚，忌矫饰；要灵敏，忌呆滞；要鲜明，忌晦涩；要适度，忌夸张；要丰富，忌单调。

2. 眼神

眼神是我们运用体态语言进行传情达意时最有深度的部分。我们说的眼神，不单指眼睛的光芒，还包括眉毛、眼皮的动作变化，它们综合传达出丰富的信息，在口语表达中起着重要的作用。举个简单的例子，有个人对你讲正式的事情，但他的双眼交替着一睁一闭，你做何感想？这是用轻松、幽默、活泼的表达方式讲严肃的事情，这种体态语言明显不适合。

我们的眼神要专注，但不能呆滞；要灵动，但不能闪烁。这是需要练习的。我发现有些学生在跟我说话的时候要么不看我，要么眼神一闪而过。起初我还以为是因为我面目狰狞，他们不爱面对我，后来确认不是我的问题。要敢于看着别人说话，要将自己心灵的窗口向对方敞开。

3. 手势

手势是我们运用体态语言进行传情达意时最有力度的部分。它可以使口语表达更生动活泼、富有感染力。

手势包括情意手势（使某种感情形象化）、形象手势（以手势状物）、指示手势（指点具体方位和对象）、抽象手势（以手势表现抽象事物）等。口语表达时，手势不能使用过多。

【请求】 多观察教师讲课，多看看演讲视频，揣摩练习，创编出一套适合自己的“降龙十八掌”。

4. 其他部位

其实，体态语言是可以用身体的任何部位来“说”的，如：头、肩、腰、腿、脚等。这些部位同样能帮助说话者传递语言信息，在口语表达中要注意运用正确的体态语言。

你见过将双手插兜讲课的教师吗？你见过趴在讲台上讲课的教师吗？你见过不抬头讲课的教师吗？这些并不是我们学习的榜样。

【请求】 想想你喜欢的教师的体态语言是怎样的，有无可以借鉴之处。写一写，学一学，练一练！

（四）体态语言的练习方法

体态语言很重要，我们要多加练习。

1. 表情练习

丰富的表情可以传递出丰富的信息。

面朝大海，春暖花开。——面带微笑地说。

天下兴亡，匹夫有责。——表情严肃地说。

2020 年，中国将全面建成小康社会。——充满希望地说。

惨象，已使我目不忍视了；流言，尤使我耳不忍闻。——满脸愤怒地说。

同学们可以对着镜子练习各种表情——皱眉、低眉、挑眉、撇嘴、咧嘴、努嘴、抿嘴、噘嘴等。

2. 眼神练习

通过眼神练习，首先要做到“眼中有物”，进而还要做到“眼中有情”“眼中有神”。

练习可以分为两步，第一步是有实物练习，即观察的对象是真实存在的。如：看花草，花草就在眼前；看飞机，飞机就在头顶上盘旋。练习的目的不仅是要学会“看”，还要学会“怎么看”。眼神表达需要积累一些基本的“语汇”，像正视、环视、扫视、仰视、俯视、凝视、注视、斜视、虚视等，要了解它们所表达的含义，还要熟练地掌握并准确地运用。

第二步是无实物练习，即观察的对象并不是真实存在的。如：看花草，花草并不在眼前，虽然一切都是想象的，但要让人觉得你的眼中实有其物而不是空洞无物。无实物练习是在想象中完成的，它需要调动“怎么看”的记忆，需要运用最恰当的眼神，准确、逼真地完成“看”的过程。

3. 手势练习

手势包括两个方面，一是社交礼仪，如：握手、指引、摆手等；二是配合有声语言进行的指代动作。指代动作有两种，一种是具象化的指代动作，如：掐指一算、双手合十、握紧拳头等；另一种是虚指，不同的人有不同的手势，如：“这场比赛很重要，我们一定要赢!”有的人说“赢”的时候会握拳挥臂，有的人会同时伸出食指和中指。手势是教师课堂教学的必备技能，有志于从教的同学更要细心观察、认真研究、不断练习，形成一套适合自己的、有助于传情达意的手势。

4. 其他部位练习

首先，要培养正确的站姿和坐姿，真正做到“站有站相，坐有坐相”。

其次，要培养良好的仪态，真正做到落落大方、彬彬有礼，有激情、有风度。

请同学们务必要认识到体态语言的重要性。一般来说，人们首先是通过看来判断对方是一个什么样的人，其次才是听对方说了些什么。因此，请同学们高度重视体态语言的学习并勤加练习。

本章小结

第二章的内容至此已全部介绍完毕。

第一节主要了解口语的特点、分类和要求，明确练习口语的方向，乃是发轫之始。

第二节主要了解呼吸方式、共鸣腔的运用、吐字归音，还有重音、停顿、语调、语气、语速、体态语言等，实现甘言美语。

本章的作用是固本强基，通过分项练习、小步推进，掌握口语表达中的各项基本技能，最终形成合力，实现口语表达的突破性提高。

【游戏】2-09　诗词填空

（　　　　　　）会有时，直挂云帆济沧（　　）阔凭鱼跃，天高任鸟（　　）流直下三千尺，疑是银河落九（　　）生我材必有用，千金散尽还复来。

第三章　博采众长

前两章都已经学习了，练习得如何？说说感受吧！

格式参考：（你最好别选择括号里的表述）

________从开始学习到现在，我大概学了________天，如果按照小时统计的话，估计有________小时。

至于说感受，让我想想。

首先，这本书我挺喜欢（不喜欢）的，所以我会（不会）继续看。我要继续提高自己的口语表达水平。

其次，我觉得经过这段时间的练习，还真有些（没什么）收获，主要表现在以下几个方面：

一是敢说：____；

二是想说：____；

三是能说：____。

要说对重音、停顿、语调、语气、语速、音变、体态语言等技巧掌握得如何，我想这个词比较贴切——________________。为什么？请听我解释：____。

最后，我想说____。

【请求】 请完成上面的表述，用手机录音并保存下来。

从本章开始，我们将运用学过的知识进行口语表达方式上的专项练习。在我们的工作和生活中，通常会进行交谈、朗诵、演讲、辩论、评述等方面的口语表达，如何能够动之以情、晓之以理，获得人们的广泛认同，需要具备较好的口才艺术，需要运用我们在第二章中学到的基本技能，需要结合不同的口语表达方式使用相应的表达技巧。

教育家加里宁说：“倘若把感情贯注到事业上去，手艺匠也可以成为极伟大的艺术家。”

的确如此，德国、日本、瑞士等国的制造业能够在世界领先，源于其精钻细研的韧劲，把一件小事做到极致，便成就了伟业。我们国家要实现由制造大国向制造强国的转变，需要的就是专注的精神，我们称之为工匠精神。

口语表达水平的提高需要我们具有工匠精神，有天赋固然好，能事半功倍；没有天赋亦无妨，只要有“吹尽狂沙始到金”的精神，亦能“会当凌绝顶，一览众山小”。有时，天赋会弱化人们前行的动力，不易激发居安思危的斗志；而没有天赋，甚至有些“先天不足”的人，因为知耻而后勇，反倒动力十足，奋发有为，终获成功。

【请求】 请读一读郑板桥的《竹石》。

咬定青山不放松，立根原在破岩中。千磨万击还坚劲，任尔东西南北风。

请用手机的秒表功能计时，不要快读。读的时候，可以想象悬崖峭壁上的劲竹坚韧的风骨。

第一节 朗诵技能

嗓音是天生的，口才却是后天培养的。只要肯练，你就一定会成为优秀的朗诵者。

【请求】 你认为自己的朗诵水平：

1. 优秀 2. 良好 3. 中等 4. 及格 5. 不及格

一、什么是朗诵

一段优美的朗诵，不但可以叩击朗诵者本人的灵魂，使其得到艺术上的享受，还能使听者获得美感，激发共鸣。

（一）朗诵的定义

朗诵是朗诵者根据作者的写作意图、文章的思想内涵、描述的艺术情境，结合自身的理解和感受，运用多种口语表达技巧将书面语言转化为有声语言，使听者得到美的享受的口语表达过程。

“美的享受”是朗诵的艺术追求、根本目标。如果我们听了朗诵以后无动于衷，或略微心动，那说明朗诵者对作品的理解、处理还不到位，在将书面语言转化为有声语言的再创作过程中缺少艺术化的表现。

（二）朗诵的特点

1. 朗诵是声音艺术

朗诵是声音艺术，朗诵者借助有声语言传递作品所蕴含的艺术魅力。从这一点来说，需要朗诵者具备一定的声音基础条件——音色要美。良好的声音条件有助于情感的表达与交流，但好的音色仅仅是一个必要条件，更重要的是必须有较高的口语表达技巧。朗诵者的声音饱含着朗诵者对作品的深刻理解，通过较高的口语表达技巧使语言富有艺术魅力，声情并茂，形神兼备。

优秀的作品，尤其是诗歌、散文等，有时仅靠文字阅读无法满足人们的欣赏需求，人们希望能够借助有声语言传递出更富有情感的艺术想象。朗诵者，因其声音悦耳，具有较高的口语表达技巧，能够通过其二次创作，让听者得到更加具象的审美体验。

【请求】你认为自己的声音条件：

1. 优秀　2. 良好　3. 中等　4. 及格　5. 不及格

选完了吗？请同上面的朗诵水平选项进行对比。

如果你认为你的声音条件良好，朗诵水平却是中等，那说明你很有必要学习口语表达技巧。

如果你认为你的声音条件中等，朗诵水平良好，那说明你很自信，很善于学习。

2. 朗诵是再造艺术

朗诵是一种表演艺术，虽然朗诵时不允许朗诵者对作品进行改动，但并不是照本宣科，而是二次创作。这种二次创作体现了朗诵者的文学修养、艺术素养、人生阅历、口语表达技巧等多方面的素质与能力。不同的人音色不同、口语表达技巧不同、对作品的理解不同，呈现出的效果也会不同。作品经过朗诵者的独到理解和再造想象，运用有声语言予以表现，使作品表意更准确、主题更鲜明、叙事更生动，使听者更愿意接受，从中得到更多的感悟。

再造艺术更多地体现在口语修辞方面，即在语法修辞的基础上，更多地进行重音、停顿、语调、语气、语速等方面的修辞处理。

古人云，“辞不可不修，而说不可不善”，强调的就是修辞的重要性。话还是那句话，怎么说，说的效果如何，全看朗诵者如何进行二次创作了。

请同学们反复揣摩朗诵篇目，不断推敲重音、停顿等技巧的运用方法，要求变求新。朗诵不能与闲聊无异，务求以声感人、以情动人，实现“声临其境”。

3. 朗诵是传情艺术

朗诵的另一个显著特点是以情感人、情随声传，朗诵是传情艺术。法国雕塑艺术家奥古斯特·罗丹认为，“艺术即感情”。朗诵作为一种艺术，要求朗诵者把作品复杂、微妙的感情传递给听者。通过朗诵者恰如其分的感情表达，使听者打开心扉，产生共鸣。

有一次，表演艺术家赵丹和朋友们吃饭，等着上菜的时候，赵丹拿过菜谱念了起来，众人像听故事一样沉浸其中，有的竟然哭了。赵丹不靠文字内容，而靠语调、语气等口语表达技巧传递出真挚的情感，达到了感人的目的。

波兰女演员海伦娜·莫杰斯卡以其真挚而富有感情的表演深受观众的欢迎。在一次宴会上，她用波兰语朗诵了一段话，现场的嘉宾们听得热泪盈眶。事实上，现场没有人听得懂波兰语，她只是背诵了波兰字母表。

由此可见，朗诵并非完全依赖于内容，更重要的是要有情，有触动他人的真情流露。

【请求】 请朗诵下面这个菜谱，把你的情感充分调动起来，哭笑由你：

地三鲜　铁板茄子　熘三样　锅包肉　家常凉菜　红烧日本豆腐

（你可以再添几个菜名）

【游戏】3-01 判断下列句子的读法，按朗诵时所需的音量大小、语调高低排序是：

A. 我欲乘风归去　　B. 我本将心向明月　　C. 我自横刀向天笑

（三）朗诵的原则

1. 内明于心，外达于人

朗诵者首先需要明确一点：要想感动别人，先要感动自己。

朗诵前，朗诵者要认真研读作品，全面深刻地理解作品的创作目的、创作背景、写作手法、逻辑结构、思想内涵等，在对作品有了透彻的理解后，才能与作者产生共鸣，确定朗诵的基调和节奏，运用恰当的重音、停顿等口语表达技巧。

我们要避免想当然地进行处理，因为对语句来说，朗诵者的重音、停顿、语调、语气等口语表达技巧的确定并无“铁律”，而是跟上下文的语境密切相关的。朗诵者一方面不能按图索骥、照葫芦画瓢地生搬硬套；另一方面不能自以为是、理所当然地现场发挥。只有“内明于心”，方可“外达于人”。

例如，毛主席的《沁园春·雪》中的诗句：“北国风光，千里冰封，万里雪飘。望长城内外，惟余莽莽；大河上下，顿失滔滔。”

有的人朗诵此句时，激情澎湃，给人以“啊！这冰天雪地太壮观了”的感觉，却忽略了诗人是在借景咏志，此刻的心情是内敛的，朗诵时反而不该太大声。

2. 情随声出，言为情发

朗诵是传情艺术，要传情先有情，欲有情先酿情。因此，在朗诵时，朗诵者不要急于发声，要先调整情绪，酝酿情感，要“未成曲调先有情”。尤其在开场时，朗诵者要先稳住，不妨略低头一会儿，或虚视前方几秒，通过自身情绪的酝酿让自己置身于作品的意境之中，也由此调动听者的情绪，引导其投身到作品的意境中去。通过读朗诵篇目或是做一个序言性质的介绍，能够起到很好的情感铺垫作用，尤其是一些大家耳熟能详的经典作品，当朗诵者一读出篇目的时候，听者会下意识地进入作品的意境中。有的人在读篇目时语速过快，弱化了篇目对听者的情绪引导作用。在读完篇目后，要有稍长一点儿的停顿，一方面用于朗诵者自身的情绪酝酿，另一方面用于听者的情绪转换。如果是配乐朗诵，则更要充分利用音乐的过渡转场作用。

在朗诵过程中，初学者容易“散神儿”，导致听者“走神儿”，难以进入作品的意境中，难以始终与作者心意相通。注意，朗诵者“入戏”才能带动听者“入境”，朗诵者“入”得深，听者才有可能跟着“入境”；若朗诵者“走两步”就“出戏”了，那听者也麻溜儿地“出境”了，甚至听者前脚刚“入境”，后脚又被拽出去了。因此，朗诵者要始终保持情绪饱满，全情投入。

还有人在朗诵时，形成了一种不自然的腔调，俗称“拿腔拿调”。可喜的是，他会运用语气、语调等口语表达技巧了。可惜的是，他运用得过度了，让听者感觉他是在用做作的语气、虚假的声音朗诵。

如果我们被人说“拿腔拿调”，那在一闪念的喜悦之后，要马上道谢。喜悦是因为一般人还不会运用“腔调”；道谢是因为我们得感谢人家及时指正，若任由“拿腔拿调”下去，会积重难返。

改正是不难的，就是适当地使语气、语调等口语表达技巧平实自然一些，不要迥异于常人。当然，这需要一个过程。总之，我们需要贯彻的原则是**情随声出，言为情发**。

> **提示：** 本人也曾被指“拿腔拿调”，有些经验、教训，愿略尽绵力。诸君若遇此惑，可将朗诵音频发至本人邮箱。

3. 确定基调，把握内韵

基调是指作品的整体风格和情调，是声与情的和谐统一，反映了作品的主旨，可分为庄严、赞颂、祝愿、欢快、调侃、激励、哀怨、贬斥、痛悼等。例如：

《再别康桥》——离愁　　《一月的哀思》——痛悼

《白杨礼赞》——赞颂　　《雷电颂》——激励+贬斥

徐志摩的《再别康桥》是话离别的经典之作，这篇文章的基调略微伤感，朗诵时可以穿插一些回忆浪漫温情时的淡淡喜悦。

作品要表达的感情不是一成不变的，因此，朗诵的基调也要随着作品内容的改变而改变，既不能“贴标签”式地简单处理基调，也不能只顾局部而忽略整体。

【请求】请确定下列作品的基调：

《致橡树》《相信未来》《囚歌》《游子吟》

内韵是指内在情绪的自然消长，表现的是内在的节奏和韵味。内韵是朗诵者在对作品有了深刻的理解，对作品所蕴含的感情有了深入的体验后，通过语气、语调等口语表达技巧将作品的韵味表达出来。

我们来试着分析一下高尔基的《海燕》片段：

海鸥在暴风雨来临之前呻吟着，——呻吟着，它们在大海上飞窜，想把自己对暴风雨的恐惧，掩藏到大海深处。海鸭也在呻吟着，——它们这些海鸭啊，享受不了生活的战斗的欢乐：轰隆隆的雷声就把它们吓坏了。蠢笨的企鹅，胆怯地把肥胖的身体躲藏在悬崖底下……只有那高傲的海燕，勇敢地，自由自在地，在泛起白沫的大海上飞翔！

这段作品朗诵的内韵是：由蔑视到赞美。海鸥、海鸭、企鹅代表了革命意志脆弱的人，用蔑视、嘲讽的语气朗诵；海燕代表的是真正的革命战士，用热情、赞美的语气朗诵。

4. 因人而异，与时俱进

对朗诵者而言，不同的人有不同的声音条件，对作品有不同的理解，因此不必拘泥于别人的处理方式，要结合自身条件、理解方式进行具有个性化的艺术处理。

当然，这是建立在朗诵者具有一定的艺术修养与口语表达技巧的基础之上的。对初学者而言，更多地还是要模仿，能够模仿得惟妙惟肖就是技巧上的提高。

此外，在朗诵时，朗诵者必须考虑到听者的年龄、文化层次等因素。如果听者是小学生，他们刚刚认字，朗诵者就要做到表达准确，内容有趣；如果听者是大、中学生，朗诵者还要在表达更深刻的主旨和更丰富的情感等方面多下功夫。

在朗诵时，朗诵者必须注意恰当运用各种口语表达技巧，对重音、停顿、语气、语调等要仔细推敲，反复研究。

例如，朗诵《画》时，可参考下面的断句方法。

远看｜山｜有色，近听｜水｜无声。春去｜花｜还在，人来｜鸟｜不惊。

【请求】 请进行面向大、中学生和小学生的区分性朗诵训练，并录音保存。

①莫笑农家腊酒浑，丰年留客足鸡豚。山重水复疑无路，柳暗花明又一村。

②三更灯火五更鸡，正是男儿读书时。黑发不知勤学早，白首方悔读书迟。

③黄河远上白云间，一片孤城万仞山。羌笛何须怨杨柳，春风不度玉门关。

二、朗诵技巧

朗诵需要技巧，这些技巧并不难，只是我们缺少实践的机会，如果我们和三五好友也有围炉朗诵的习惯，那么我们就不会对当众朗诵有所胆怯了。

朗诵的技巧包括：朗诵者的身份、语言、感受等。下面让我们一一加以了解。

（一）朗诵者的身份

朗诵是朗诵者根据自己的理解，将作品进行艺术化的处理后，尽量完整、完美地呈现给听者。朗诵者不能脱离作者的写作意图，要“若即若离”，既忠实地表达出作者的写作意图，又融合有自身特点的艺术再创作，切忌自命不凡、随心所欲地表现。

朗诵者要处理好两个“身份”问题，一是原作者，二是表演者。

1. 原作者

对于朗诵者来说，首先要完成对原作者的身份认同，要进行必要的资料收集、整理与分析，深入了解原作者的创作目的、思路、背景等，通过这些案头工作，实现与原作者的心意相通，与作品的情境交融，想作者之所想。尤其是那些以第一人称叙事、带有浓厚的原作者个性的作品，需要朗诵者更加精准地把握作品的主旨，更加传神地再现原作者的风采。

例如，毛主席的《沁园春·长沙》：

独立寒秋，湘江北去，橘子洲头。看万山红遍，层林尽染；漫江碧透，百舸争流。鹰击长空，鱼翔浅底，万类霜天竞自由。怅寥廓，问苍茫大地，谁主沉浮？

朗诵这首诗时，首先要有伟人情结，想象自己就像当年的伟人一样，风华正茂，豪情满怀，虽前路艰险仍奋勇向前；其次要结合时代背景、人物心境，表达出心怀天下、忧思报国之情。

又如，赵一曼写给儿子的信：

宁儿：

母亲对于你没有能尽到教育的责任，实在是遗憾的事情。母亲因为坚决地做了反满抗日的斗争，今天已经到了牺牲的前夕了。母亲和你在生前永久没有再见的机会了。希望你，宁儿啊！赶快成人，来安慰你地下的母亲！我最亲爱的孩子啊！母亲不用千言万语来教育你，就用实行来教育你。在你长大成人之后，希望不要忘记你的母亲是为国而牺牲的！

在朗诵时，要设定自己就是革命先烈，在用家书传递最后的嘱托，代入感要强，要有母亲与无法见面的儿子诀别时的那种无奈、思念、希冀等复杂的内心感受，语速不能快，要用爱的语气。

【请求】 请揣摩朗诵以下两首诗。

①砍头不要紧，只要主义真。杀了夏明翰，还有后来人。

②望门投止思张俭，忍死须臾待杜根。我自横刀向天笑，去留肝胆两昆仑。

2. 表演者

对于朗诵者来说，朗诵时，既要体会原作者的创作目的、内心情感，又要结合自身条件与当下情境进行二次创作。

朗诵是声音的表达艺术。朗诵时切忌喧宾夺主，给人看话剧的感觉。

陈王昔时宴平乐，斗酒十千恣欢谑。主人何为言少钱，径须沽取对君酌。五花马，千金裘，呼儿将出换美酒，与尔同销万古愁。

朗诵李白的《将进酒·君不见》时，既要表现出诗人豪放的感觉，又不能过度狂放，真的像喝多了酒一样乱晃着朗诵。

（二）朗诵者的语言

朗诵是高层次的口语表达艺术，需要有较高的文学素养、较完善的口语表达技巧、较深入的文案分析，才有可能较好地表达出作品的内涵、意境，给人美的享受。朗诵时，要对作品做艺术化的处理。这种处理可遵循两个原则：到位而不越位，是表演而不是闲聊。

到位而不越位：朗诵时既不能平平淡淡，又不能过于夸张，给人装腔作势的感觉，要做到不瘟不火，恰到好处，对各种技巧的运用与情感的表达要适度，要到位而不越位。

以唐朝诗人贾岛的《寻隐者不遇》为例，这是一首用平实质朴的文字写出深刻哲理的佳作。朗诵这首诗时，要避免流俗、做作。至于什么是到位，什么是越位，无法靠文字解惑，只能靠自悟了。有一点可以明确，我们大多数人存在的问题是没有到位，仅有少数人会越位。

松下问童子，言师采药去。只在此山中，云深不知处。

是表演而不是闲聊：朗诵不同于闲聊，应流利、生动，具有美感。如何实现这样的效果呢？就必须从语速、重音、停顿、语气、语调等方面入手。

1. 语速

请朗诵：松下问童子，言师采药去。只在此山中，云深不知处。

感受一下，这 20 个字你读下来是不是一个速度，如若“不是”，可喜可贺；如若“是”，你就得思考怎么改进了。

你是不是读得有点儿快呀？这首诗得读到 20 秒以上才最为合适。

这首诗虽然只有 20 个字，但讲的是一个很有意境的故事，可不能很快就读完了。你要是这样讲——“我去山中寻访一位隐士，他没在。问他的小徒弟，说师父采药去了，山高林密不好找，反正就在山上。”那就太简单了，与闲聊无异，你得进行艺术化的处理。这样讲，效果会不会更好些——“听闻有位高人雅士，归隐深山，今日得闲，特去寻访。但听松针簌簌，难觅大师踪迹。幸遇一少年，忙上前询问，巧了，是大师的徒弟。问他可知师父在哪儿，他说师父采药去了。我要进山去找，他劝我最好不要去，虽说师父肯定就在这山上，但山高林密，云海苍茫，很难知道具体在哪儿。唉……人生啊，际遇啊，也恰似这‘只在此山中，云深不知处’啊！我是找还是不找呢？找到又如何呢？”

多体会诗人的内心感受，朗诵效果会更好。

总而言之，我们不能读得太快，要慢下来，但又不能都慢下来，要有快有慢。请参照下面的间距读这首诗：

松• •下• •问•童子 v v v v 言• •师• •采•药•去 v v v v

只• 在•此• •山• •中• •云•深• •不• •知•处 v v v v

这 20 个字，每个字平均用时 0.5 秒，读完是 10 秒。现在加上“•”和“v”，每个“•”表示延长 0.5 秒，每个“v”表示停顿 0.5 秒，这样，读的时长就将近 30 秒了。注意快慢转换间的圆润处理，不要给人牵强的感觉。

2. 重音

请再听一遍录音，或再读一遍这首诗，感受你读的重音强弱和位置。

标记一下吧，在需要重读的词语下面点“ • ”。

松下问童子，言师采药去。只在此山中，云深不知处。

我们来分析哪些词需要重读。

前两句是一个对话场景：

问：“请问你知道有位隐士住在哪儿吗？”

答：“你说的是我的师父吧，他采药去了。”

这段场景中表述的重点是“在哪儿”和“采药”，所以需要重读的词是“问”和“采药”。

再看后两句，既可以看作回答，也可以看作感慨，表述的重点是“就在那里，具体在哪儿不知道”，所以需要重读的词是“只”和“不知”。

松下**问**童子，言师**采药**去。**只**在此山中，云深**不知**处。

再读一次试试吧！把需要重读的词加大音量，延长时值，加重语气。

我们把语速和重音协调起来读一次：

松• •下• •**问**•童子 v v v v 言• •师• •**采**•**药**•去 v v v v

只• 在•此• •山• •中• •云•深• •**不**• •**知**•处 v v v v

3. 停顿

停顿是必须的，但乱停也不对。从以往的经验看，有些人在朗诵时，该停的地方没有停，不该停的地方停多了。读下面这句话，最好录下来，然后分析你的停顿习惯。

苏霍姆林斯基认为教师的语言修养在极大程度上决定着学生在课堂上的脑力劳动的效率。

读完了，请把停顿的地方标记一下，你是这样标记的吗？

苏霍姆林斯基/ 认为/ 教师的语言修养/ 在极大程度上/ 决定着/ 学生/ 在课堂上的/ 脑力劳动的/ 效率。

如果是这样，停顿就多了，听起来不够连贯，顿挫感太强。

如果你读这句话时只停顿了一两处，那就停顿少了，太连贯了，听者反倒不容易理解句子的含义。

这两种不好的停顿习惯都需要调整。

如果你的停顿是这样处理的，那就太好了：

苏霍姆林斯基认为/ 教师的语言修养/ 在极大程度上决定着/ 学生在课堂上的/ 脑力劳动的效率。

为什么说这样停顿好呢？因为这样断句，表达得更清楚。

在“认为”后面停顿，是因为后面的话都是“认为”的宾语，是个从句。

在“修养”后面停顿，是因为这是从句的主语，是主要的论述对象。

在“决定着”后面停顿，是因为后面的话都是“决定”的宾语，而且有些拗口，暂停一下有助于听者的理解。

在“脑力”前面停顿，是因为这是由两个定语构成的一个多重形容的词组，“在课堂上的”“脑力劳动的”修饰“效率”。

“语言修养决定着学生的效率”是宾语从句的核心词语，苏霍姆林斯基要表达的重点是“极大程度”，强调语言在课堂教学中的重要性。因此，这句话可以这样确定重音和停顿：

苏霍姆林斯基认为/ 教师的**语言**修养/ 在**极大**程度上决定着/ 学生在课堂上的/ 脑力劳动的**效率**。

再从语速的角度看：

“苏霍姆林斯基”可以读得快一些。通常，作为主语的人名应该读得稍微慢一些，但因为这个人名较长，不宜再放慢语速读，否则会给人别扭的感觉。

“语言”“极大”“效率”是要重读强调的，所以要读得慢一些。

最后，我们再回到停顿的问题上。请给下面这首诗划分停顿：

松下问童子，言师采药去。只在此山中，云深不知处。

在朗诵古诗时，尤其要突出停顿的作用，这种停顿大多是柔性停顿，即声断意不断。因为，古诗不同于白话文，它在简练的词语中蕴含了丰富的叙事、抒情及议论，所以要读得慢一些，停顿多一些，以便让听者更深切地体会出诗句的内在含义。

看看，这样划分停顿好不好：

松下/问/童子，言师/采药/去。只在/此/山中，云深/不知/处。

4. 语气

语气指的是说话时的气息运用，能表达内心的情感。

请用不同的语气说这句话：“哎呀，你们为什么这样！”

“**爱**”的语气：潜台词是你们对我太好了，陪我吃、陪我玩。最好在镜子前读一下，注意表情。读完了吗？注意看，是微笑的表情吗？是就好。要微笑着说才能让人感受到爱。

“**恨**”的语气：潜台词是你们对我太差劲了，陪你们吃、陪你们玩，居然还说我不够意思。读一下，注意表情。读完了吗？是怒目圆睁的表情吗？是就对了。

其他的几种语气，你也试着体会一下吧。

我们来分析《寻隐者不遇》，整首诗读完，你的语气有变化吗？你用了几种语气？有三种吗？

松下问童子——“喜”的语气：这种“喜”不是兴高采烈，而是笑脸相迎，回想一下生活中的问路场景，求人家指路，不能给人家脸色看吧，得陪着笑脸。

言师采药去——“悲”的语气：这种“悲”不是凄风苦雨，而是惋惜、遗憾，我大老远地来了，却没能见到他师父，真是不凑巧，可惜了。

只在此山中，云深不知处——“悲”的语气：这种“悲”是惆怅、迷茫的悲凉之感，是对人生际遇的一种彻悟。

因此，我们在读这首诗的时候，要把这几种语气变化很好地体现出来，才能准确地表达出诗句的意境与内蕴。

5. 语调

结合语气，语调就很容易确定了，语气和语调是协调统一的。回顾“哎呀，你们为什么这样！”这句话，在用“爱”的语气朗诵时，句尾用上升的语调；在用“恨”的语气朗诵时，句尾用的则是降调。

朗诵古诗不同于朗诵散文，因为古诗的文字特别简练，对仗特别工整，需要有较为丰富的语调变化才能准确地表达诗句的内涵。

请你再听一遍录音，或再读一遍，你的语调是不是这样确定的：

松下问童子↗，言师采药去↘。只在此山中→，云深不知处↗。

【请求】 结合语速、重音、停顿、语气、语调等口语表达技巧，朗诵《寻隐者不遇》。

松• •下• •**问**•童子↗（期盼）v v v v

言• •师• •**采**•**药**•去↘（惋惜）v v v v

只• 在•此• •山• •中→（悲凉）• •

云•深• •**不**• •**知**•处↗（惆怅）v v v v

（三）朗诵者的感受

朗诵者要将看到的文字转化为内心的感受，借助声音、体态语言将这种感受传递给听者。如果听者能够在感知到朗诵者的声音、体态语言后，激发出强烈的内心视像，想朗诵者之所想，感朗诵者之所感，那么朗诵者的任务就圆满完成了。

朗诵者的感受包括形象感受、逻辑感受。

1. 形象感受

形象感受，是指由于作品的内容对朗诵者的内心刺激而引起朗诵者对客观事物的感知、体会和思考。这种感受主要来源于作品中的形象，为了把作品中的形象表现出来，朗诵时要注意对实词的处理。实词处理得好，便于使作品中的情、景、物、人、事、理在朗诵者的内心活起来，朗诵者好像“看到”“听到”“闻到”“尝到”一样。

例如：“大礼堂外，瑞雪纷飞，银装素裹；会客厅里，高谈阔论，气氛热烈。”

这一句有室内、室外两种景象，朗诵者要有置身其中的感觉，仿佛“看到”漫天雪花飞舞的风光，听者才能感受到冬意。

朗诵的形象感受是朗诵者对视觉、听觉、嗅觉、味觉、触觉，以及时间、空间等综合性的感觉，是朗诵得好的一个重要因素。

例如：“松下问童子，言师采药去。”

在读这句诗的时候，你的脑海中闪过“一老一少松林问答”的场景了吧。朗诵者要想象出这个画面，用声音及体态语言塑造出问答的场景，听者才有可能感受到朗诵者所提供的“虚拟现实”，有如身临其境。

例如："天冷极了，下着雪，又快黑了。"（《卖火柴的小女孩》，安徒生）

读这句话时，朗诵者要想象自己看到了天色、雪花，从而感到"冷"。

例如："一开瓶子塞儿，就是那么一股甜香；调上半杯一喝，甜香里带着股清气，很有点鲜荔枝的味儿。喝着这样的好蜜，你会觉得生活都是甜的呢。"（《荔枝蜜》，杨朔）

朗诵"一开瓶子塞儿"的同时，朗诵者要有拧开瓶塞的动作，朗诵完要有一个较长的停顿，做一些身体的反应动作，比如：不自觉地抽一下鼻子，深吸一口气，感到"一股甜香"扑鼻而来。然后，用陶醉、喜悦的语气朗诵出后面的语句。

要注意实词的处理，尤其是动词的处理。

例如："他弯下腰，小心翼翼地用拇指和食指捏起了看似皮革一样的东西，眯起老花眼仔细看了半天，嘴角挂上了一抹神秘的笑，迅速往左右偷瞄了两眼，吹了吹上面的浮灰，折了两下塞进了内衣口袋，颠颠儿地跑远了。"

读这段话时，朗诵者要注意体会各种动作的表达，通过语气、语调等口语表达技巧让听者感受到动作的发生。

【请求】 练习朗诵下面这段话，注意朗诵者的形象感受。

哎哟，撑死我了！快扶我一下，站不起来了。你闻闻，这饭多香，这菜色香味俱全啊！我给你夹一口尝尝，味道怎么样？辣吗？酸吗？

2. 逻辑感受

逻辑感受是在符合思维逻辑的基础上对语句进行逻辑关系的表述，包括并列、对比、递进、转折、归纳等。朗诵者对作品再创作的过程也是对逻辑关系的分析过程，不仅要对一句话内的逻辑关系进行分析，还要对一段话、整篇作品进行逻辑关系的分析、确定，运用声音将作品内在的逻辑关系说出来，让听者感受得到。

口语表达也要像写作一样，给人"起、承、转、合"，一环扣一环的逻辑感受，形成一种符合表达需求的逻辑链条，引导听者追随朗诵者的思路，与朗诵者同喜、同悲、同思考。

例如："一代天骄，成吉思汗，只识弯弓射大雕。俱往矣，数风流人物，还看今朝。"（《沁园春·雪》，毛泽东）

“只识”是一种转折关系，要读出惋惜的感觉，“可惜呀，只知道弯弓射大雕”；“俱往矣”是一种总括关系，要读出“总而言之，这些都已经成为历史了”的感觉；“还看今朝”是一种哲理性的主题升华，要读出“舍我其谁”的感觉，新的时代要由我们伟大的无产阶级、伟大的中国共产党来创造！朗诵时，做好这样的分析与处理，能够使表达效果更贴近作品的本意，更能激发听者的情感。

例如：“整整 28 年，邓稼先生死未卜、不知去向。他的夫人许鹿希信守离别时相互托付的诺言，无怨无悔地痴情等待。28 年后的 1986 年，夫妻重逢，邓稼先却因为受辐射身患重病，几个月后在妻子的怀中离开人世。”

读完这段话是什么感觉？是心痛吧。这段话有三个转折点，逻辑感受一定要有明显的变化：

“整整 28 年，邓稼先生死未卜、不知去向。”

【第一次转折，体现邓夫人对爱的忠贞与坚守。】

“他的夫人许鹿希信守离别时相互托付的诺言，无怨无悔地痴情等待。”

【第二次转折，略带喜悦，突出 28 年后的重逢，但不能很高兴，因为……】

“28 年后的 1986 年，夫妻重逢，”

【第三次转折，离世，永别，但不能悲痛欲绝，因为这段话的核心是要表现邓稼先为祖国献身的崇高精神，以及夫妻二人忠贞不移的爱情，不幸的背后是我们的无比崇敬。】

“邓稼先却因为受辐射身患重病，几个月后在妻子的怀中离开人世。”

朗诵这类作品时要真情流露，也要注意不能失态，可以悲痛欲绝，但不能涕泪横流。

小结

有关朗诵的内容我们暂且了解这些，请同学们选择一些朗诵篇目，认真地进行文案创作，确定基调、内韵、重音、停顿、语气、语调等，多听一些名家朗诵的音频，模仿借鉴，最终形成较为稳定的口语表达习惯，呈现具有自身特点的朗诵之美。

【请求】 朗诵练习，体会形象感受与逻辑感受。

她又擦了一根，哧！火苗又窜了出来，发出亮亮的光。墙被照亮了，变得透明了，她仿佛看见了房间里的东西。桌上铺着雪白的桌布，上面放满了各种各样好吃的东西。一只烧鹅突然从盘子里跳出来，背上插着刀叉，摇摇晃晃地向她走来。几个大面包也从桌上跳下来，一个个像士兵一样排着队向她走来。就在这时，火柴又熄灭了，她面前只剩下一面又黑又冷的墙。

【游戏】3-02　诗词填空

请揣摩如何朗诵。

我住（　　）头，君住（　　）尾。日日思君不见君，共饮（　　）水。此水（　　）休，此恨（　　）已，只愿君心（　　　　），定不负（　　　）。

第二节　演讲技能

日常交流中，演讲是一项非常重要的技能。如果说朗诵是怡情养性的话，那么演讲则是安身立命；如果说朗诵是最美的语言表达方式，那么演讲则是最实用的表达技能。演讲与口才密不可分，与“口才”结合频次最多的词大概就是“演讲”了。

学校里，我们经常会听到老师、同学们的演讲；生活中，我们经常会听到推销员的产品介绍、活动推广等；工作中，我们也将经常面临阐述方案、提供意见、人员管理等方面的演讲需求。所有人的生活、工作都可能因为演讲而发生改变。

一、什么是演讲

演讲是由演讲者面对一定数量的听众，以有声语言为媒介，借助神态、动作公开阐明自己的观点或传播信息的一种口语表达方式。

（一）演讲的分类

演讲分为命题演讲和即兴演讲。

1. 命题演讲

命题演讲，是预先知晓说话的主题，提前做好说话内容、表达技巧等方面的准备。这就涉及“预则立，不预则废”的关键问题了，如果说人生是一场战斗，那么战前准备得越充分，打赢战争的概率才会越高，战斗中的损耗才会越少。命题演讲便是给了我们一定的时间去准备、去应战，若不能好好地利用这段准备时间，实在是贻误战机。

【请求】 计时 1 分钟，做自我介绍，最好录音。

介绍得怎么样？比较顺畅吧，因为之前我们已经练习过，有了一定的准备。当然，也不排除仍然有不够流畅的情况发生。

一方面是你精益求精，对自己要求比较高；另一方面说明了一个非常严重的问题——你准备得还不够充分。

“命题”的前提是已经给了题目，给了时间，但仍跑题，说不清楚，怎么回事呢？练得少呗！

【请求】 我们再进行一个拓展性的练习，时间也是 1 分钟，还是做自我介绍，但范围再限定一些，是求职介绍，职业由你定，你想做什么工作就应聘什么职位，例如：文秘、策划、经理助理等。请梳理一下要说的重点，最好写下来，仔细推敲。

好，想象你现在就面对招聘人员，做求职应聘演讲，Action！

我们来做对比分析：第一个介绍是普遍意义上的广而告之，可以更多地以“自我”为中心，即你想怎么介绍就怎么介绍，只要说得流畅、有趣就可以了，但第二个介绍针对性很强，核心是求职，就不能以自我喜好为中心，而是要以能胜任职位，具备一定的岗位应聘优势为中心。虽然演讲的核心都是要推介自己，但因为说话对象不同，演讲的内容、方式等也要随机应变。

2. 即兴演讲

即兴演讲要求在短时间内迅速组织语言，阐述观点，表达立场，考验的是快速应变能力，例如，饭桌上的祝酒词就属于即兴演讲，功力高低，立见分晓。有的人能够因时因地、因情因景、文采斐然地表达出迎宾之语；有的人则因拙于辞令，疏于推敲，怯于煽情，说得囫囵吞枣，词不达意；有的人则惯用一句通用语来表达心情：“啥也不说了，都在酒里了！”这种即兴的表达非常考验我们的语言功力，融合了文学、心理学、社会学等诸多方面的知识。

社会是人际关系的总和，人际交往是社会生活的常态，迎来送往，嘘寒问暖，觥筹交错间免不了三言两语，即兴表达。既然这些应酬必不可少，那么我们就一定要在这样的场合中善于学习，取其精华、弃其糟粕。

在表述时，尽量使语句通顺，逻辑严密，观点鲜明，表述幽默，而且要注意表

达技巧，如：语气、语调、语速、重音、停顿等。平时，要有意识地就某一话题进行阐述，“强迫”好友听自己发表意见。

【请求】 来吧，请即兴演讲。朋友聚会，小勇获得了省学科比赛二等奖，前面有3个人祝贺了，轮到你了，大家都停杯投箸听君言。

3. 命题与即兴的关系

二者的关系是相辅相成的，互为因果。如果一个人永远不做命题式的演讲练习，那么对他而言，每一次演讲都如同即兴；如果一个人能经常进行即兴式的演讲练习，那么每一次的临场发挥便如同命题式的演讲。

台上1分钟的惊艳源于台下10年功的积累，熟能生巧。

以求职介绍为例，第1次说和第100次说的效果肯定不一样，所以我们要把前99次放在家里说，不断练习，不断改进，那么第100次的表达效果肯定会是最好的。

有的人非常害怕演讲，尤其是即兴演讲，多以不善言辞或是没有准备为借口，错失了许多练习的机会和成功的机会。其实，没有什么好害怕的，无非是张张嘴、动动脑的问题，不说永远说不好，多说肯定一遍比一遍好。

【请求】 演讲练习，主题是《中国与世界》，这是一个很宽泛的题目，很容易找到话题点，你想从哪些方面谈，先即兴说一段，然后写下来仔细推敲。

（二）演讲的特点

1. 鲜明的目的性

每次演讲都有一个既定目的，或触及社会普遍关注的问题，或提出一种全新的见解，或涉及一个学术命题等，直抒己见，给人以启迪或鼓舞。

简洁是智慧的灵魂，世界著名的谈话艺术家费尔特说：“你应该时常说话，但不必说得太长，少叙述故事，除了真正贴切而简短，总以绝对不讲为妙。”

第15届奥斯卡影后格丽尔·嘉逊领奖时高兴得昏了头，站在领奖台上讲了1个小时，估计她自己都不知道说了些什么。

据说非洲有一个民族，只允许演讲的人一只脚站着，想不累就快点说完，这倒是个好办法。

【请求】你的小组完成了一个项目，庆功宴上你来说两句吧。

2. 感人的艺术性

演讲是语言艺术，听众不仅听其声，解其意，还要观其形，悟其情。声、形、义、情通过恰当的处理表达出来，产生一种感人的艺术魅力。

语言有魅力才能吸引人、影响人。

马克·吐温讲过一件事，在教堂里，他听一位传教士用哀怜的语气讲述非洲传教士的苦难生活，听了5分钟后他决定捐助50元，10分钟后决定少给5元，半小时后决定捐助35元，1小时后，当传教士拿着钵子走到他面前时，他1分钱没掏，还从里面偷走了2元。

可见，那位传教士的演讲对马克·吐温的伤害不小，竟让他做了回小偷。此事的真假无从考证，但可以说明演讲艺术的重要性。

【请求】请将上面你在庆功宴上的即兴表述进行艺术化处理。

3. 和谐的综合性

演讲是演讲者品格修养、知识经验、思想情操、风度仪态的具体展现。演讲者把有声语言与思想内容统一起来，产生听觉效果，又把姿势、动作、神情统一起来，产生视觉效果。这说明，演讲是诸多要素综合协调的口语实践活动。

20世纪60年代，林语堂在台北一所学校参加学生的毕业典礼。轮到他上台演讲时，已经到吃午餐的时间了，他用不到10秒的时间完成了一次传世演讲，他说："绅士的演讲，应该像女士的裙子，越短越好。"大家听了先是一愣，随后哄堂大笑，起立鼓掌。

【请求】有一个练习演讲的好方法：每日一练，即平时我们在微信、微博、朋友圈中留言时，可认真推敲语句，把它当作是一次小演讲，仔细研究如何将心绪准确地表达出来，不要一个表情了事。

绅士的演讲与女士的裙子

（三）演讲的原则

1. 内容——正确感人

内容正确是演讲的生命。演讲是思想内容与表达技巧的结合，而形式是为内容服务的，所以单纯追求技巧而内容空泛、虚假的演讲，只会给听众以哗众取宠或无病呻吟之感。而宣扬错误的甚至反动的东西，即使表达技巧再高超，也不能算是好的演讲，甚至为社会所不容。

例如，一位老师和学生们谈早恋的问题，若是观点还像20年前那样，说学校将严惩、社会将鄙视之类的话，就不太正确了。

【请求】假定你是大学老师，要怎样和大一的学生谈谈恋爱的问题，我们就开一个主题班会吧，主题是《爱在大学》。

2. 语言——晓畅生动

演讲者运用有声语言阐明观点、传递信息、抒发感情，所以语言必须准确、规范、流畅，并富有逻辑力量。要尽量用通俗的、富有人情味的口语说话，克服专业术语和华丽形容词堆砌的缺点。同时，演讲语言应该是生动悦耳的，这种语言可以先声夺人，形象性的表述可以使演讲更具吸引力。

美国独立战争时期著名的政治家亨利说："回避现实是毫无用处的。先生们会高喊：和平！和平!! 但和平安在？实际上，战争已经开始……我们的同胞已身在疆场，我们为什么还要站在这里袖手旁观呢？先生们希望的是什么？想要达到什么目的？生命就那么可贵？和平就那么甜美？甚至不惜以戴锁链、被奴役的代价来换取吗？哦，上帝啊！阻止这一切吧，我不管别人会如何，我永远奉行我的信念：**不自由，毋宁死！**"

亨利的演讲简洁、通俗，对话感强，鼓动性强。演讲结束后，许多人没有回家，直接奔赴战场。

3. 感情——朴实真诚

演讲要以理服人，以情动人，单纯的逻辑征服，听者不一定理会你的见解。所以，从心理学的角度说，演讲是感情交流的过程，要用朴实、真挚的情感打动听者，才会引起共鸣。

4. 态势——自然得体

演讲是由"演""讲"两方面构成的。演，主要指的就是态势，包括仪态举止、手势表情，它们是自然流露的形体语言，与有声语言相互补充、相互配合。演讲的态势要服从表情达意的需要，能体现自己的表达需求，做到自然得体。讲，主要指的是在文稿创作的基础上，通过有声语言进行动之以情、晓之以理的阐述。

情态指表情、体态、动作、风度等，这些在演讲中运用得好会产生"磁力效应"。它吸引听众的注意，强化心理共鸣；它利用视觉补偿作用，拓宽语言信息传送的渠道。而且，优美的仪态、表情和动作令人赏心悦目，具有不可忽视的审美价值。当然，这些在很大程度上是人的气质、修养的流露，并服从于演讲的内容。情态演练可以从下面几个方面着手：

站姿：轻松自然，无僵硬感，静中有动，动中有静。

手势：简单、形象、适度、有力，有画龙点睛之妙，无画蛇添足之赘。

眼神：全神贯注，明眸善睐，忌左顾右盼，飘忽不定。

表情：气定神闲，从容自若，喜怒哀乐，皆出于心。

【请求】 请想象你正站在舞台上对着很多人演讲，讲讲你对演讲的看法，揣摩站姿、手势、眼神、表情，若有好友在侧可帮忙录下来。

还应把握一些传情的技巧，如：

①进入角色：讲者不动情，听者不动心。一开口，就要“未成曲调先有情”，自己先进入演讲的内容情境，激情勃发地开讲。

②色彩协调：感情在演讲中是一种富丽的色彩，有句句动心的倾诉，也有振奋人心的述说，通篇感情传导幅度不宜大起大落，在一个统一的基调中，应有起伏，形成协调的整体。

③注意调控：感情传导不可信马由缰，要把握好感情的“阀门”，在传达感情的自我调控中，宁可收一点，不宜放纵。

结合下面一段演讲词，设计适合自己的情态：

我赞美你，太阳！你照亮了人间的道路，照亮了历史的长河，孕育出一部壮美多姿的史诗。想一想：秦时明月，汉时雄关，郑和帆影，虎门销烟；听一听：辛亥钟鸣，“五四”怒吼，北伐枪声，卢沟惊雷！怎禁得住赞美的歌吟——南湖船头熹微的曙光，井冈山上烂漫的朝霞，延河水畔艳红的旭日，中南海里明媚的煦阳……（《赞美你，太阳》，孔烈钧）

有些大学教师会倡导同学们进行课前演讲，这是一个非常好的锻炼机会，请同学们充分利用这样的机会，认真准备演讲稿，精雕细琢，广泛收集反馈意见，不断改进。演讲水平就是在一次一次地练习中不断提高的，没有谁是天生的演讲家，“宝剑锋从磨砺出，梅花香自苦寒来”。

这里要特别提示一点，在做课前演讲时，千万不要拿着稿子念，那不叫演讲，那是在错失良机。算一下，一学期能轮上几次课前演讲，恐怕不会多于两次吧，那还照稿念?！不管我们能记住多少，要敢于脱稿，但可以有个提纲放在讲台上，以备提示之需。请相信，没有人知道我们要说什么，没有人知道我们忘了说什么，我们要有自信的心态，勇敢的举动，要坚信我说的就是我想说的，你听的就是我想说的。

【请求】 把夏衍创作的《包身工》中的这段话作为演讲词进行演讲练习。

在这千万被压榨的包身工中间，没有光，没有热，没有温情，没有希望……没有法律，没有人道。这儿有的是20世纪的烂熟了的技术、机械、体制和对这种体制忠实服役的16世纪封建制度下的奴隶！

黑夜，静寂得像死一般的黑夜！但是，黎明的到来，毕竟是无法抗拒的。索洛警告美国人当心枕木下的尸首，我也想警告某一些人，当心呻吟着的那些锭子上的冤魂！

（四）演讲的步骤

1. 了解听众

演讲是讲给人听的，在正式演讲之前，必须对听众有所了解，做到有的放矢。了解什么呢？

一是了解其心理、愿望和要求。

哲学家费尔巴哈说过，住在皇宫里的人同住在茅屋里的人，他们的想法是不一样的。不同社会阶层的人对同样的演讲内容的接受程度是不一样的。在演讲时，应因人制宜，讲听众想知道的，用听众乐于接受的方式。

二是了解听众的文化层次、年龄特征、职业特点等。

通常情况下，青年人喜欢热情洋溢，激昂奋进的；中年人喜欢稳重深沉，实在具体的；体力劳动者爱好通俗活泼的；脑力劳动者爱好文雅严密的。

2. 创作演讲文稿

根据演讲的目的和听众的实际情况，创作适合于本次演讲的文稿。元代杂剧家乔梦符曾说："作乐府亦有法，曰凤头、猪肚、豹尾六字是也。"演讲文稿的创作也应遵循这一原则。

演讲的开头非常重要，要先声夺人，一炮打响，要有足够的吸引力让听众产生强烈的听下去的欲望。从心理学的角度讲，第一印象往往最深刻，并且会形成一种效应，直接影响和决定人们对事物的整体感知。演讲的开头还负有静场、镇台的使命，要力求把听众迅速抓住，使他们能全神贯注地听下去。俗话说，良好的开端等于成功了一半，对于演讲的开头绝不可轻视。

"有整整10年的时间我曾是囚犯。不是在平常的监狱里，而是以忧虑为铁窗，以惧怕为狱墙，把自己封闭在心灵的监狱中。"这是一段演讲的开头，很别致，甚至有些惊悚。我又接着给他续上了几句："10年前，我在一位教师的帮助下成功越狱。今天，我是来帮助你们中的一些人越狱的，不要再把自己囚禁在心灵的监狱中了，抛开忧虑，克服恐惧，和10年前的我一样选修《妙语人生》吧！"

【请求】 牛刀小试，假定你大三了，给大一新生当"小班主任"，即协助辅导员管理新生班级。第一次到班级讲话，你打算设计怎样的开场白？写写吧！

演讲的正文要内容丰富，有理有趣，详略得当，深入人心。

事实胜于雄辩，演讲亦然。如果想让听众接受你的观点，就必须摆事实、讲道理，用无可辩驳的事实证明观点的正确性，切忌套话连篇，例如，在讲《口才缘于勤奋》的主题时，可多举一些诸如林肯、萧伯纳、苏秦等人靠勤奋刻苦成就了丰功伟业的事迹。

演讲的语言要有气势，高昂处如排山倒海，气吞山河，婉转处如余音绕梁，回味悠长，可多用比喻、排比、对偶、反复、设问、叠句等修辞手法，如闻一多的《最后一次的讲演》："杀死了人，又不敢承认，还要诬蔑人，说什么'桃色事件'，说什么共产党杀共产党，无耻啊！无耻啊！"运用反复的修辞手法表达强烈的愤慨，引起全场的共鸣。

在文稿创作中，要设计几个高潮。高潮是演讲者与听众达到强烈共鸣的阶段，是演讲成功与否的关键。制造高潮需要技巧，比如：铺垫蓄势、衬托对比、强调突出、设网解扣、当头棒喝、层递阶升等。林肯的葛底斯堡演说，不到3分钟，听众5次鼓掌，成为演讲史上的经典之作；列宁的演讲，虽无华丽辞藻，却由于真诚质朴、逻辑严密使全场为之沸腾。

3. 背稿试讲

文稿创作完成后，就到了背稿试讲的阶段。在正式演讲前，必须将演讲稿背下来，熟记于心，能做到脱口而出。演讲与朗诵的区别之一在于朗诵可以照稿读，但演讲绝不可以。我们举办演讲比赛时，若有的同学拿着稿子念，还配个乐，我作为评委是不会给高分的，这不是演讲是朗诵嘛。

背稿绝不是死记硬背，不是将演讲稿一字不落、顺序不变地背下来，然后再到台上声情并茂地背给听众听。演讲不是朗诵，要求忠实于原文，演讲是一种现场的、互动的情感交流和信息传递，具有随机性。背稿演讲是演讲的低级形式，无法真正地与听众产生强烈共鸣，无法达到理想的演讲效果。背是为了不背，对演讲稿了然于胸后，根据现场情况，随机应变。现场是千变万化的，不可能与设想的完全相同，因此，如果演讲者能够“扔”掉讲稿，根据现场情况，随时调整，依据讲稿用自己的话讲，这是最受听众欢迎的，也是最容易与听众产生强烈共鸣的。

据说，美国前总统老布什到匈牙利访问，当时国会大厦前面的广场是一片伞的海洋，雨下个不停。老布什面对数千群众，先挥手致意，然后从衣袋里掏出讲稿，双手举过头顶，将讲稿撕成碎片。他说讲稿太长，为了让大家少淋雨得讲得短些，不按讲稿讲了。他这一“撕”，人群中爆发出热烈的掌声和欢呼声。

“撕”的前提是充分的准备。在脱稿演讲中，演讲者在演讲前就已经对自己要讲的内容，以及要表达的语气进行了反复推敲，这就是我们说的背稿试讲。演讲者将讲稿的书面语言转化为演讲口语，将演讲内容熟记于心，仔细研究演讲的基调、节奏、体态语言等，并能根据现场情况，迅速调整演讲内容及表达方式，这都是建立在准备充分的基础上的。

1863 年，林肯总统在葛底斯堡国家烈士公墓落成典礼上发表的演讲，虽然只有 10 个句子，600 余字，不到 3 分钟就讲完了，但其准备时间相当长，林肯数易其稿，反复推敲，直到演讲的前一天晚上，他还在认真修改着。这篇演讲稿被评价为“完美无缺，是一篇誉满全球的演说词”。

4. 登台演讲

当一切准备工作做好后，最终的演讲有如水到渠成。此时，最重要的是信心，有如两军交战狭路相逢勇者胜，我们要有必胜的信心，敢于去征服听众。

当然，在演讲过程中是需要一些技巧的，比如：如何克服怯场，如何应变忘词，如何能够光彩照人等，这需要我们一一去掌握。

二、演讲技巧

我们了解了演讲的特点和步骤，说到了登台演讲，所有的准备都是为了这一刻的辉煌，我们当然希望能够载誉而归。但是，从概率上讲，很少有人能够第一次演讲就大获全胜，很多演讲家都是因为第一次演讲失败后，奋发图强，勤学苦练而最终名扬四海的。如何克服演讲中出现的问题，哪些技巧能够帮助我们克服这些问题？

（一）克服怯场与卡壳

1. 人之常情

电影《中国合伙人》里面有一个情节，邓超饰演的“海归”在大礼堂演讲，没说到 3 句话就说不下去了，犯病了，什么病？演讲恐惧症。

怯场是每个人都会有的一种心理反应，尤其是第一次登台演讲，著名的演讲家也不例外。只要善于总结、勇于实践，就一定会成为好的演讲者。

古罗马的雄辩家西塞罗曾在一次演讲后说：“演讲一开始，我就感到自己面色苍白，四肢和整个心灵都在颤抖。”

英国首相丘吉尔说他最初演讲时，心窝里似乎塞着一块厚达 9 英寸的冰疙瘩。

美国前总统罗斯福说：“每一个新手，常常有一种心慌病，心慌并不是胆小，乃是一种过度的精神刺激。”

著名演讲家李燕杰在被问到第一次演讲是否紧张害怕时说：“紧张了，也害怕了！不只我一个人这样，几乎所有的人都是这样！但是，人们可以能动地改变这种状况。”

别说是第一次演讲会紧张、怯场，即便是身经百战的老手，每次演讲时也还是会紧张的，只不过经历多了以后，经验也多了，能够迅速调整好自己的状态。而新手的问题在于总是担心自己讲不好，分心了。

2. 解决之法

正式登台演讲，主要克服的是恐惧和紧张。很多人的演讲稿不可谓不精彩，语言基本功不可谓不过硬，但就是由于恐惧和紧张，无法获得非常好的效果。在即将演讲前，要注意调节情绪，克服紧张心理，使自己处于放松、兴奋的状态，调动一切积极因素，发挥出最佳水平。

克服怯场的方法有很多：

呼吸松弛法：在演讲前做深呼吸，排除杂念；

注意力转移法：不去注意即将开始的演讲，转而关注其他事物，如房间布置、建筑特色等，以分散注意力，减轻压力；

目光回避法：为避免因前排较近的人的目光对演讲者产生不利影响，演讲者可将目光投向会场的中后方，采取流动式的虚视法；

精神胜利法：假定认为台下都是热情拥护者，或没有反应的“木桩”。

克服“卡壳”的方法：

在演讲时，有时还会出现“卡壳”的现象，即思维中断，脑海中一片空白，忘了应该说的话，这种情况往往容易在背稿演讲中出现。

这时，切不可惊慌失措。

一种方法是马上现编一些话作为过渡，边讲边回想原稿中的话；另一种方法是将其演变为故意的停顿，利用体态语言作过渡，给听众以思索回味的时间，利用这个间隙迅速组织下面的语言。

（二）演讲的开篇设计

1. 开门见山式

一开始就进入演讲主题，比如，恩格斯的《在马克思墓前的演说》：“3 月 14 日下午 2 点 3 刻，当代最伟大的思想家停止思想了。让他一个人留在房里不过 2 分钟，当我们进去的时候，便发现他在安乐椅上安静地睡着了——但已经是永远地睡着了。”

直入的办法通常是直叙，告诉听众演讲的主题，或演讲的缘由，或一个具体事例等。

一位大学生，在他竞选班长的演讲中这样开头：“我竞选班长！我本来不想做班长，因为我相信别人能把班级管理好，但是现在，我自信我能把班级管理得更好。因此，我竞选班长。”

这样的开头直截了当，点明主题，既不拐弯抹角，又省略了客套、谦虚的言辞，给人一种雷厉风行的感觉。

【请求】你也去竞选班干部，说说你的竞选宣言。

2. 妙语诙谐式

用诙谐幽默的语言开始演讲，创设轻松、有趣的氛围，吸引听众的注意力。

美国黑人约翰·罗克在一次听众都是白人的会议上发表了要求解放黑人奴隶的演讲。他说："女士们、先生们，我到这里来，与其说是发表讲话，还不如说是给这一场合增添一点'颜色'。"听众是白人，作为黑人的演讲者使用"颜色"一词，既活跃了会场气氛，赢得了听众的信任，又蕴含着无穷的深意。

3. 哲理启发式

用蕴含哲理、富于启发的话语开篇，能够使听众动容，肃然起敬。

有一篇题为《再朝前走一步》的演讲稿是这样开头的："请大家想一想，孩子是怎样学会走路的？我想，每个孩子学走路都要经历这样的过程：做父母的总是有意识地让孩子逐步地离自己远一些，让孩子摇摇摆摆地再朝前走一步，才能扑到父母的怀里。有时候孩子竟连半步也走不过去了，摔倒了，而父母总是把孩子扶起来，鼓励他再朝前走一步。就这样，人们终于学会了走路。"这样貌似平常的语句，却蕴含着深深的哲理，发人深思。

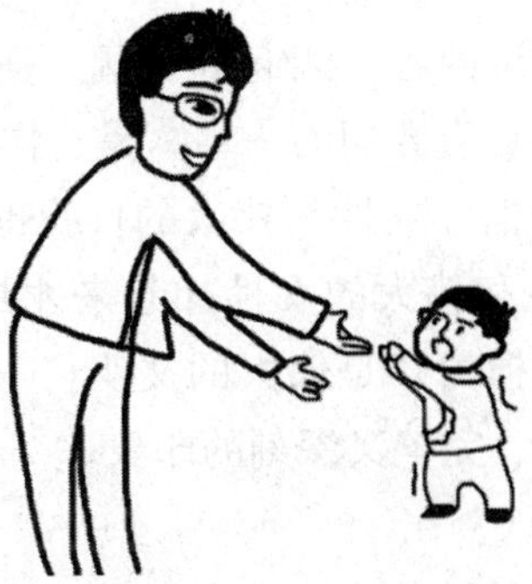

4. 制造悬念式

用迥异于正常思维、认知的语言开篇，出人意料，让人疑念顿生，急欲一探究竟。

鲁迅先生曾经作过题为《少读中国书，做好事之徒》的演讲，开头是这样的："我来本校是搞国学院研究工作的，是担任中国文学史讲课的，论理应当劝大家埋头古籍，多读中国书。但我在北京，就看到有人在主张读经，提倡复古。来这里后，又看见有些人老抱着《古文观止》不放。这使我想到，与其多读中国书，不如少读中国书好。"这一下子就引起了听众的好奇心，使听众非得听听先生何发此言了。

5. 导入式

在演讲之前来一个楔子，用一段与演讲正题无关又有关的话语来调动听众的感情，引起听众的兴趣之后再展开正题。这个楔子，可以是一个幽默故事、一个惊人的事实、一则笑话、一首小诗、一个比喻、一段名言，也可以做出某种承诺，提出某个问题。

6. 非言语式

用动作或表情等开头。

比如，中国共产党早期革命家恽代英有一次演讲，就是以"哈哈哈"三声大笑开始的。

又比如，演讲的主题是关于古代的审判制度的，可以用一块木头使劲敲桌面作为演讲的开头。这种开头的作用就是要达到出人意料、一鸣惊人的效果。

此外，有的开头可以在现场发挥，即兴创作。

【请求】 练练演讲的开篇设计：假定你以真实身份到一所乡村小学做关于成长的演讲，你打算怎样开场呢？

（三）演讲的结尾设计

好的结尾，既给人铿锵有力之感，又有余音绕梁之味。切不可草草收尾，敷衍了事。结尾要不同凡响，没有魅力的结尾，会使一场演讲前功尽弃。

演讲的结尾是整个演讲的概括，演讲的精华往往集中于此。演讲的结尾常常有以下几种：

1. 总结式结尾

这种结尾，扼要地总结演讲内容，能起到提醒、强调的作用，给听众留下完整的印象。权红的演讲稿《世界也有我们的一半》是这样结尾的："……听听我这个没当成的女记者的心声吧！我相信，女性是伟大的！我也相信，男性是伟大的！我更希望我们都相信，伟大的男性和伟大的女性加起来才是伟大的人民！他们的自信、自尊、自爱焕发出来的巨大拼搏力才是伟大的文明！"这个结尾恳切、热情、概括，点化主旨，给听众留下了清晰、完整又深刻的印象。

2. 感召式结尾

这种结尾多是提希望，发号召，表决心，立誓言，祝喜庆，贺成就，以激起听众感情的波涛，给人以心志的激励。古希腊著名演说家德摩斯梯尼发表的《斥腓力演说》是这样结尾的："敌人正在对我们铺罗设网，四面合围，而我们却还呆坐着不求应付。同胞们，我们究竟要到什么时候才能采取行动？当雅典的航船未覆灭之时，船上的人无论大小都应该动手救亡。一旦巨浪翻上船舷，那一切都会同归于尽……即使所有民族同意忍受奴役，我们也要为自己而战斗。辞令的灵魂就是行动，行动，再行动！"这个结尾慷慨激昂，号召人们拔剑奋起，反抗马其顿国王腓力二世的入侵。

3. 抒情式结尾

这种结尾往往是演讲者在演讲中油然而生的激情，以抒情方式结尾，言尽而意未尽，留有余韵，给人启迪。郭沫若《科学的春天》的演讲，就是这样结尾的："春分刚刚过去，清明即将到来。'日出江花红胜火，春来江水绿如蓝'。这是革命的春天，这是人民的春天，这是科学的春天，让我们张开双臂，热烈地拥抱这个春天吧！"这样的结尾热情奔放，以诗一般的抒情语言鼓舞人们向科学进军，拥抱科学的春天，具有很强的激励作用。

4. 警言式结尾

即通过引用谚语、成语、格言、警句、诗词等方式结尾。这种结尾言简意赅，多有韵律，使内容显得充实丰满，具有哲理性和启发性。李燕杰《国家、民族与正气》的演讲，其结尾是：“青年朋友们，爱我们的国家吧，爱我们的民族吧，同心协力，把我们民族的正气，把我们中华民族奋发图强的爱国主义精神极大地发扬起来！最后，用句名人名言作为结束语：谁不属于自己的祖国，他就不属于人类！”李燕杰的演讲寓理于事，吸引力强，最后采用名人名言结尾，恳切热情，紧扣演讲主题，字字句句掷地有声。

5. 呼应式结尾

这种结尾与开头呼应，使整篇演讲首尾圆合，结构完整。结尾一定要有深度，如异峰突起，要韵味深刻，使听众情绪激动，切忌虎头蛇尾或画蛇添足，努力避免陈词俗套或语言干巴。

在演讲的结尾，希望听众采取行动的指令要明确，例如，号召捐助时不要笼统地说“请全力支持”之类的虚指，而是可以定下具体的目标：“请每人捐出 1 元钱，为贫困山区的儿童送去一份营养早餐。”

人生不是一场表演，需要我们真实面对；人生就像一场表演，要展现美好。良言暖心，恶语刺骨，让我们日省吾身，不忘初心，认真地演，真诚地讲，精彩人生，听你演讲。

【请求】 练练演讲的结尾设计：假定你以现有身份到一所乡村小学做关于成长的演讲，你打算怎样结束你的演讲？

（四）切忌谦虚过度

有的人在讲话开篇与结尾时都好谦虚两句，这是一种很不好的习惯，会让听众产生厌烦与抵触情绪。

1. 开场

有的领导在讲话时习惯这样开场：

“我是临时接到这个任务，没做什么准备，我就简单地说两句吧……”

“对于这个问题我研究得不深，各位都是专家，都比我研究得透彻，我……”

这种开场的出发点是想表达谦虚的态度，值得肯定，但话题切入点不对。我们可以表达谦虚，但不能透露虚伪，没准备好你来说什么，还简单说两句，你那两句得多长，一句说了半小时，能不招人烦吗？问题研究得不深，在座的都比你研究得透彻，那你还废什么话？

谦虚使人进步，过度谦虚使人讨厌。讲话者可以表达时间紧，认知有限的实情，但话不能这么说，你看怎么说好呢？

【请求】 你会怎么开场？

2. 收尾

有的领导在讲话时习惯这样收尾：

“我想说的大概也就这些了，没有什么好说的了，我说完了。”

“以上就是我对这个问题的一些粗浅看法，我也知道有些地方不对，敬请批评指正。”

这叫什么收尾？磨磨叨叨的，真烦！

收尾是需要回味的，需要警示的，需要激励的，需要认真对待的，可不能如此地懈怠。因为从认知心理学的角度看，人们在接受信息时有前摄抑制和后摄抑制，开场和收尾留给人的印象是最深刻的，如果草草收尾，就会给人潦草之感。收尾是演讲中极具战略性的环节，要追求振聋发聩、余音绕梁的战果。当然，这很难，但避免草率的收尾还是比较容易的。

好的收尾应该具备这样几个特点：总结观点，呼吁行动，真诚赞美，幽默回味。

【请求】 把你的演讲稿找出来，仔细推敲开场和收尾。

【游戏】3-03　诗词填空

请揣摩朗读方法。

（　　　　　）斗十千，（　　　　　）直万钱。（　　　　　　）不

能食，（ ）心茫然。欲渡（ ）冰塞川，将登（ ）雪满山。闲来（ ）碧溪上，忽复（ ）梦日边。行路难，行路难，多歧路，今安在？（ ）。

【请求】 以李白的《行路难》为演讲主题，创作一篇演讲稿，即兴演讲更好。

第三节 辩论技能

战国时的苏秦凭三寸不烂之舌，游说六国，身挂六国相印，促成合纵抗秦联盟；三国时的诸葛亮出使东吴，舌战群儒，终于说服孙权和都督周瑜联刘抗曹，大破曹兵于赤壁；我们敬爱的周总理多次在谈判桌上挫败对手，捍卫了党和国家的尊严。他们都拥有非常好的辩论口才。

优秀的辩者，必是朗诵、演讲的高手。生活中的辩论随处可见，人与人之间关系的融洽源于冲突、妥协、认同。设想一个人从来不与别人争论，别人说什么就是什么，从来不维护自己的利益，那么这个人不会快乐，不会受人尊重。我们与他人争论的目的不是要证明我们强大，而是要让对方理解我们的想法、做法，这是一个求同存异的过程，不是非此即彼的断杀。

我们要掌握辩论的基本技能技巧，培养一定的应变能力。

一、什么是辩论

辩论，是参与对话的双方，就同一个问题，站在对立的立场上，进行针锋相对的争论。在争论中通过质疑、诘难、驳斥对方，占据优势，确立自己的论断。辩论是一种高层次的语言艺术。

辩论实质上是一种思维交流的方式。当双方（或多方）观点不同时，通过争论发现问题，捍卫自己心中的真理，并把对问题的认知引入更深的层次。

辩论在不同领域里形成了学术辩论、法庭辩论、政治辩论等。在辩论赛中，双方辩手的任务是在有限的时间内，论证己方立场的正确，揭示对方论证中存在的问题，说服评委和观众。

二、辩论的特点

（一）立场尖锐、对立

辩论的第一个特点是立场尖锐、对立。辩论双方处于对峙状态，各方对自己所持的观点不做轻易让步，对对方观点的反驳也不留情面，这就显示出它与“讨论”“交谈”的不同。讨论与交谈是各抒己见，通过气氛和谐的探讨求得观点的统一，而辩论则是在立场尖锐、对立的争论中求得观点的确立。

武则天执政时期，人们争献祥瑞。有个人得到一块石头，剖开一看，中间是红色的，于是他将这块石头献给武则天并说：“看啊，这块石头的中间是赤色的，说明这块石头对您也是一片赤心啊！”大臣李德昭不以为然，反驳道：“这块石头有赤心，难道其余的石头都谋反了啊！”由此及彼，沿着对方的逻辑推导出反向问题的荒谬性，立场尖锐、对立。

【请求】 我们设定一个情境，你在寝室，辅导员来检查卫生，卫生比较差，辅导员要求你立刻打扫卫生，你认为不该你做，辅导员认为你应该做，辩论开始：

师：小勇，你看你们这寝室脏的，快收拾一下，一会儿学校要来检查！

生：

师：为什么？寝室卫生，大家有责，现在就你在这儿，让你收拾一下不行吗？

生：

师：你说的也不是完全没有道理，但万事总有个突发状况吧，咱就得随机应变啊，一会儿学校来检查，这关系到咱们全院的荣誉呀！

生：

（二）思维活跃、敏捷

辩论的第二个特点是思维活跃、敏捷。在你来我往的唇枪舌剑中，双方的精神高度紧张，思维处于一级战备状态——既要准确地表达自己的观点，又要机敏地捕捉对方“提供”的突破点，而且随时要防止自己的表述出现漏洞，双方都在紧张、快速地选择论点，审慎地做出判断，周密地进行推理。可以说，没有处于高度兴奋状态的动态思维，就没有辩论。

德国的著名诗人海涅是犹太人，经常受到不公平对待。在一次晚会上，一个旅行家对海涅讲述他在旅行中发现了一个小岛，他说：“你猜猜看，这个小岛上有什么现象使我感到新奇？那就是这个小岛上竟没有犹太人和驴子！”海涅白了他一眼，不动声色地回答道：“如果是这样，那只要________，[①] 就可以弥补这个缺陷了。”

---

① 我和你一块儿到小岛上

（三）用语严谨、激烈

辩论的第三个特点是用语严谨、激烈。在针锋相对的辩论中，双方措辞都比较激烈，但并不轻率。为了防止被对方抓住把柄，语言分寸感的把握、感情色彩的确定都很慎重，有时甚至到了字斟句酌的地步。所以，情况常常是，语言驾驭能力的高低，直接影响辩论的成败。

梁实秋曾说："好的作品永远是少数人的专利品，大多数永远是蠢的，永远是与文学无缘的。"这在那个读书尚属少数人权益的时代似乎也有些道理。

鲁迅先生坚决反对这种论调，他反驳说："倘若说，作品愈高，知音愈少。那么，推论起来，（　　　　　　　　　　　）①。"

【请求】我们来几段小辩论，我提论点，你来反驳：

师：书山有路勤为径，学海无涯苦作舟。

生：

师：生当作人杰，死亦为鬼雄。

生：

师：凡是存在的必然是合理的。

生：

三、辩论的基本功

辩论是智慧的角逐、话语的较量，高明的辩论者必须具备多方面的素养，掌握多种有效的技巧，才能在辩论中争得一席之地。

（一）心理准备

辩论者要想在短兵相接中取胜，首先要具备信心十足的心理素质。心理准备往往比巧用语言更为重要。

1. 要善于克服胆怯心理

有的人在辩论中过于关心自己在他人眼里的形象，往往情绪一激动，思维就混乱，舌头也不听使唤；还有的人认为自己不如对方，肯定辩不过对方，先在心理上有了畏惧。这些都是要不得的。在辩论中，要坚信自己必胜，相信自己一定比对方强。不管对方有多高的地位，在辩论时大家是平等的；不管对方有多深的学问，在这个论题上，相信自己是最有发言权的。

---

① 谁也不懂的东西，就是世界上的绝作了

2. 要失言而不失态

辩论中，有可能会出现“口误”“失言”的情况，或被对方利用，掉入对方的陷阱，此时切不可惊慌失措，不知所云，要及时厘清思路，尽可能地挽回因失言而造成的影响。

（二）语言准备

唇枪舌剑、针锋相对的辩论特点，决定了辩论的语言应当具有简短有力、严谨准确等特色。

1. 言简意赅，留有余地

辩论的语言要求严谨准确，有两方面的含义：一是语言逻辑本身要严谨准确，不能词不达意或自相矛盾；二是话该怎么说才能使人乐于接受，容易理解，否则就会产生相反的效果。

还有一点要特别注意，就是辩论要留有余地，该精确的要精确，该模糊的要模糊，要恰当掌握语言表达的度。

辩论还应言简意赅，假如能三言两语亮明观点，击中对方要害，就绝不要长篇大论。这样，一是可以避免时间不够用；二是可以避免由于论述过多而出现破绽；三是你用的时间越短，留给对方思考的时间就越少，给对方造成的困难也就越大。

【请求】 我提出观点，你来做简短的辩论，正反方均可。

师：我认为国家应该/不应该提倡安乐死。

生：

师：英语应该/不应该作为大学必修课程。

生：

师：教育部应该/不应该严令各地中学统一取消晚自习。

生：

2. 机智幽默，妙趣横生

语言机智幽默在针锋相对的辩论中具有奇效，不仅可以增强说服力，巧妙地反驳对方，而且会赢得听众的认同。高明的辩论者应尽力使自己的语言机智幽默、妙趣横生，以便获得最佳效果。

需要注意是，幽默不同于滑稽，也不同于讽刺，而是一种言简意赅、饶有情趣的传递艺术和豁达而机敏的为人处世的风度。

有一个人宣传“轮回报应”，劝人们不要杀生，否则今世杀了什么，来世就要变成什么，比如：杀了牛，来世就要变成一头牛；杀了猪，来世便要变成一只猪……正在他讲得起劲的时候，有位先生插言道：“照你的说法，大家都（　　）① 好了。”

① 杀人

那人勃然大怒，气急败坏地说：“胡说什么，怎么能（同上）呢?”那位先生说：“你刚才说杀什么来世就变成什么，那么只有（同上），来世才能变成人。这不就是号召大家（同上）吗?”

3. 善用逻辑，巧设陷阱

辩论中要善于运用逻辑的力量，从对方所提的论题、论据、论点出发，找出错误，或逮住话柄、借题发挥。要善于设计“问题陷阱”，引诱对方落入圈套。

（三）情绪准备

人对客体是否符合自己的需要而产生的体验称为情绪。辩论情绪，诸如：愉快、赞叹、激愤、忧虑等不同的体验，是在辩论中产生的。情绪能大大增强思辨能力，也会干扰辩论技巧的发挥。富有经验的辩坛老手，喜怒不形于色。

善于在辩论中运用情绪感染，辩论则如虎添翼。所以，加强辩论情绪自控和控他的训练，是不容忽视的。辩论者要牢牢把握好感情的阀门，控制好感情的“流量”。要根据辩论内容、对手反应、氛围作相应调节。感情要服从理智的需要，理智不能被感情驾驭。否则，辩论到喜悦时便笑得直不起腰来，到伤心处又泣不成声，到愤慨时则语无伦次，到惊惧时又瞠目结舌，这样只会闹得辩论暂停。

四、辩论技巧

（一）基本技巧

1. 观点鲜明，论据真实

辩论时，必须毫不含糊地亮出自己的观点，证明自己的论据确凿、可靠，否则将不攻自破。

同学们还记得庄子和惠施的辩论吧，庄子说，鱼游得多快乐呀！惠施说，你不是鱼怎么知道鱼快乐呢？庄子说，你不是我怎么知道我知不知道鱼快不快乐呢。两人观点鲜明，论据真实。庄子的观点是我知道鱼快乐，惠施的观点是你不知道鱼快乐。惠施的论据是你不是鱼所以你不知道鱼的心情，庄子的论据是你不是我所以你不知道我知道鱼的心情。这真是一个非常好的辩论题目，涉及唯心和唯物，以及认识论的深刻问题。

【请求】 请设计几个辩论题目，例如：你认为“国富民强”正确，还是“民富国强”正确。

2. 听辩冷静，应对灵活

辩论中，只有冷静专注地听辩，才能透过纷繁的语言表述抓住对方的要害，发现其疏漏之处并采取相应的反驳对策。娴熟的表达、机敏的答辩，源于对语言信息敏锐的感受力。只有机敏、准确地听辩，才能抓住战机，赢得主动。

一位有夫之妇 M 向 A 先生诉苦："只有丈夫在外胡来，实在令人气愤……"

A 立刻逮住了这一句话，问她："你说'只有丈夫'，是什么意思？"

M 答道："我的意思是，都说风流是男人的本性，我觉得这是古时候的观念。"

A 紧接着追问："你说是古时候的观念，照你的意思，是说现代女性也可以风流吗？"

这个故事告诉我们这样一个道理：言多必失，若想挑毛病，总能找得到。

3. 逻辑严密，说理透彻

在短兵相接的辩论中，必须熟练地运用逻辑论证这个武器。只有这样，才会以高屋建瓴之势，紧扣论题分歧所在，以寥寥数语雄辩地出奇制胜。为此，必须准确措辞，用语精当，才更有力量。

加拿大的外交官朗宁出生后喝的是中国奶妈的乳汁。他 30 岁时参加了议员选举，反对的人攻击他说："朗宁曾喝中国人的奶长大，身上一定有中国人的血统，因而不能参加加拿大议员竞选。"朗宁反驳道："你们中有没有人喝过加拿大的牛奶呢？难道你们身上也有着加拿大牛的血统了吗？你们可能既喝过加拿大的人乳，又难免喝过加拿大的牛奶，你们岂不都成了人牛血统的'混血儿'了？当然，你们不仅靠喝，还得吃，吃鸡脯，吃牛排，吃羊腿……这样一来，你们的血统一定很难认定了。"朗宁就是运用了引申归谬的逻辑方法，驳其论证，说明对方命题与结论间毫无逻辑关系，终于使政敌理屈词穷，甘拜下风。

4. 思路开阔，方法多变

在辩论中，思路受阻或推理出现错误常导致失败。因此，辩论时要沉着，思路要清晰，面对争论焦点要做多角度思考，选择最佳的突破口。要做到这一点，就必须时时提醒自己，不能限于固定的思维模式，要突破定式、深思慎取，敢于疑人所不疑，言人所不言，这样，才能做到"意料之外，情理之中"的精彩辩论。例如，周总理和国民党代表谈判，当对方理屈词穷、气急败坏地说出"对牛弹琴"时，周总理立刻予以反击："对！牛弹琴。"回答得多么巧妙，思路多么开阔呀。

【请求】 请把故事补充完整。

从前有一个人，他的爸爸做了大官，儿子中了状元，唯独他什么官也没有做。因此，他的爸爸和儿子都看不起他，平时难免对他说些嘲讽的话。但此人颇有自我解嘲的本领，当他的爸爸嗤笑他时，他就对爸爸说："（　　　　）。"当他的儿子嗤笑他时，他就对儿子说："（　　　　）。"这就是生活中的乐趣吧。①

---

① 你有什么了不起的，我的儿子比你的儿子强得多
你有什么了不起的，我的爸爸比你的爸爸强得多

（二）辩论赛的技巧

辩论赛中的辩题是不会对一方特别有利，对另一方特别不利的。只是由于双方对辩题的析题角度不同，或许会造成从一开始就注定了成败的局面。辩论中破题的好坏，直接关系到一场辩论赛的成败。

1. 破题

破题的第一步是析题。一般来说，尽管辩题千变万化，但不外乎三种题型。

一元肯定型：这类题目在辩论赛中经常出现，譬如《错误面前人人平等》《儒家文化能够抵御西方歪风》等都属于这一类型，整个题目一次肯定了一个结论。

两重比较型：这类题目在辩论赛中最为常见，譬如《××利大于弊》《××应先于××》等。往往在辩论赛中需要比较才能得出结论的，都属于两重比较型。

多元肯定型：这类题目在辩论赛中相对少一些，譬如《读书无用是因为读的书无用》《经济落后是因为文化落后》等。这样的题目是在肯定前提之后再次肯定结论。

在析题过程中，无论是怎样的题型，无论是正方还是反方，在拿到题目后，都需要把题目分割至最细，直至再也无法分割为止。在经过这样的分割之后，正反方有利与不利的地方就能够显现出来，双方争论的焦点（关键点）也亮了出来。

2. 选择攻击点

在找出关键点之后，接下来就是选择攻击点了。相对来说，选择攻击点比较复杂，但一般都应遵循以下几条原则：

攻击并占领关键点：攻击的不仅仅是关键点，还应该出其不意地攻击对方比较薄弱或容易疏忽的地方。攻击时，首先要把解释关键点的主动权拿过来，才能进一步取得优势。

《酒香不怕巷子深》这个辩题，要重点论证酒香到什么程度为香，巷子深到什么程度为深。

避免将论证难度加大：一般来说，一个题目，特别是一元肯定型、多元肯定型的题目的攻击点不止一个。为了避免在论证过程中增加解释量，应正确选择攻击点。

不应过多选择攻击点：选择的攻击点过多，不但平均使用了攻击力量，达不到效果，而且还可能引起攻击中的自相矛盾，给人一种立论混乱的感觉。

一般来说，选择两个攻击点是比较合适的。只选择一个攻击点，稍显单薄了些，容易使双方进入胶着状态。

总之，破题中的每一句话、每一个角度都会左右，甚至决定辩论的胜负。可以说，破题优势是辩论制胜的第一步，如果想真正打好辩论赛，就必须认真地进行破题训练。

3. 辩论现场

辩论是一种机变性极强的口语表达艺术。辩论应根据现场情况的变化，随机应变。

(1) 针锋相对

针对对方的论点和论据，面对面地直接加以辩驳，关键是要抓住对方论证错误的要害。

童话作家奥雷洛夫长得很黑。有一天，他在花园散步时，几个人嘲笑他：“看，来了一朵乌云。”他应声巧答：“所以，癞蛤蟆们才叫起来了！”乌云来了，癞蛤蟆就叫，奥雷洛夫从自然现象中得出了反击对方的结论，多么机智幽默、巧妙有力。

一次，马克·吐温应邀赴宴，由于环境很好，他的心情格外舒畅。席间，他很高兴地对一位女士说：“您长得真是太美了。”“可是很抱歉，我却不能用同样的话来回答您。”女士冷冷地说道。“这没关系，您可以像我一样（　　　　　　）。①”马克·吐温微笑着说。

(2) 以谬归谬

这种辩论方法不是直接建立论据进行辩驳，而是先假定承认对方的论证，在这个基础上，或作合理的逻辑延伸，或仿此提出新的错误明显的论证，从而暴露对方论证的荒谬，以达到反驳的目的。

有一个叫《大家方便》的故事，说的是一个小男孩去面包店买了一个两便士的面包，发现面包比平时小得多，就对老板说：“你不觉得这面包比平时小吗？”“哦！那不要紧，这样你拿起来就方便了。”显然，老板在诡辩了。对此，小男孩没有争辩，只给一个便士就要离开面包店，老板赶紧大声喝住他：“你还没给足钱啊！”“哦，不要紧，”小男孩不慌不忙地回答，“这样，你数起钱来就方便多了。”这种以其人之道还治其人之身的方法真是大快人心。运用以谬归谬的方法要注意两点：一是对方的论点确实荒谬，而不能歪曲延伸；二是延伸要顺理成章，合乎逻辑，否则就会失去辩驳的力量。

有一个类似的故事，说的是一个厨师在煮肉，路过的人夸赞说真香，厨师便向路人要钱，因为路人把肉的香味闻走了。路人听了后，并未发怒，而是（　　）②便走了。厨师拦住路人要钱，路人说已经给了。厨师说没收到，路人解释后，厨师无奈不再要无赖了。

(3) 以退为进

在辩论中，有时可以不立即迎头痛击，而是似乎先承认对方所列举的某些论据，看似在退让，然后再予以反击。这是先把进击的拳头收回来再打出去，显得更有力。

在菲律宾大选中，阿基诺夫人同马科斯进行了一系列舌战。有一次，马科斯在竞选演说中攻击阿基诺夫人“没有经验”“不懂政治”“女人最合适待的地方是厨

① 也说句假话

② 掏出钱袋，晃了晃

房”。对此，阿基诺夫人运用以退为进的方法予以反驳，她说：“我承认的确没有马科斯那种欺骗、盗窃或暗杀的经验。我不是独裁者，我不会撒谎，不会舞弊，但我有的是从政的诚意。……对政治，我也许是外行，但作为围着锅台转的家庭主妇，我精通日常经济。”一席话，使无数选民为之倾倒。

(4) 以和为贵

人与人之间是有差异的，大到思想观念、为人处世之道，小至对某人、某事的看法，这些程度不同的差异都会外化成人与人之间的辩论。辩论留给我们的印象都是不愉快的，容易累积矛盾。因此，要尽量避免无益的辩论，不可避免时，要尽量使辩论成为一种愉快的思想交换。

一位女士怒气冲冲地走进水果店，大声质问服务员：“我儿子刚在你们这儿买了果酱，为什么不够斤两，欺负小孩子吗?”服务员赶忙上前，请女士详细说明情况，听了一会儿后，服务员微笑着小声对女士说：“您看，孩子正长身体，您是不是回去称称孩子的体重，估计又重了。”女士一听，明白了，转怒为笑。服务员很确信没有少给，那就只剩下一种可能，但又不能明说，也不能得理不饶人地跟女士大吵起来，便委婉、幽默地指出了女士一开始忽略的问题。争吵不会让任何一方得到快乐，应以和为贵。

(三) 诡辩

诡辩是指为明显的谬误或与公认的合理观念相对立的谬见提供论据的似是而非的推理和论断，进而达到有利于己方的论题的目的。

下面是一个经典的关于诡辩的解释。

有两个学生问老师：“什么叫诡辩?”这位精通希腊哲学的老师并没有直接回答，稍做考虑后说：“有两个人到我这里来做客，一个人很干净，另一个人很脏。我请这两个人去洗澡。你们想想，他们两个人中谁会去洗呢?”

“那还用说，当然是那个脏的人。”学生脱口而出。

“不对，是干净的人。”老师反驳说，“因为他养成了洗澡的习惯，脏的人却认为没什么好洗的。再想想看，是谁洗了澡呢?”

“是干净的人。”两个学生改口说。

“不对，是脏的人，因为他需要洗澡，而干净的人不需要洗澡。”老师又反驳说。然后，他再次问道：“如此看来，我的客人中谁洗了澡呢?”

“是脏的人!”学生重复了第一次的回答。

“又错了，当然是两个人都洗了。”老师说，“干净的人有洗澡的习惯，而脏的人需要洗澡。怎么样?他们两人到底谁洗澡了呢?”

“那看来就是两个人都洗了。”学生犹豫不决地回答。

“不对，两个人都没洗。”老师解释说，“因为脏的人没有洗澡的习惯，而干净的人不需要洗澡。”

“有道理，但是我们究竟该怎样解释呢?”两个学生不满地说，“您每次讲得都不一样，而又总是对的!”

“正是如此，你们看，这就是诡辩。”

这就是诡辩，诡辩就是没有道理地讲道理，不按逻辑地说逻辑。著名的“白马非马”论便是如此。

【请求】 将下列诡辩补充完整。

黑格尔名言：**人类从历史学到的唯一的教训，就是（　　）。**

你最大的缺点就是（　　）。(衍生：你不是一个称职的领导，你太不懂得休息了，要知道，你的身体不仅仅属于你自己，更属于人民。)

有一个故事，三个秀才进京赶考，到了京城，三人先去算了一卦。算卦先生故弄玄虚，摇头晃脑好一阵子，最后伸出一根手指头，什么也没说。结果，三人中只考中一个，他们三人暗中称奇，觉得算卦先生真如神灵一般。其实，算卦先生伸出的一根手指头，可作四种解释：(　　)①

在辩论中，诡辩常伪装成真理的面貌出现，或偷换命题，或捏造论据，或循环论证，或以偏概全，或强词夺理……必须及时识破，予以戳穿，例如，闻“肉味”要给钱，就给“钱声”以应对。

事实胜于雄辩，对付那些以偏概全的诡辩的最好方法是举出同他的结论正好相反的典型事例，以此驳倒他。一个英国记者对周总理说：“一个国家向外扩张，是由于人口过多。”周总理反驳道：“我不同意这种说法。英国的人口在第一次世界大战前是4 500万，不算太多，但是英国在一个很长的时间内曾经是如日不落的殖民帝国。美国的面积略小于中国，而美国的人口还不及中国的1/3，但是美国的军事基地遍布全球，海外驻军150万。中国人口虽多，但没有一兵一卒驻在外国的领土上，更没有在外国建立军事基地。”在这些确凿的事实面前，任何诡辩都将不攻自破。

值得注意的是，在一些重大的政治场合，诡辩也不失为一种积极有效的谈话手段。

一次，在记者招待会上，一位外国记者问周总理：“中国人民币发行的总额是多少?”周总理回答：“18元8角8分（即人民币单张票面：10元、5元、2元、1元、5角、2角、1角、5分、2分、1分，共18元8角8分)。”

如果实问实答，周总理的回答可能是：“这是中国的财政机密，你不应该打听，我也不能告诉你。”或是“这个问题我不太清楚。”这两种答案，前者显得缺少风度，后者显得水平一般。周总理可谓作了最佳回答，他抓住人民币发行的“总额”和人

① 考中一个，就是：一个人考中；考中两个，就是：一个人没考中；考中三个，就是：一个人也没剩；都没考中，就是：一个人都没考中。

民币的单张票面“总额”这两个不同概念的表面相似之处，来了个“似是而非”，既保守了机密，又不失应有的外交礼节。

诡辩有时还是战胜胡搅蛮缠和居心叵测的人的一个有效手段。

有一次，伟大的无产阶级诗人马雅可夫斯基在演讲时受到一群人语言上的围攻，但他一次次地击退了挑衅，终于使演讲成功结束。这时，有个人挤上主席台来指责他“狂妄”，说：“我应当提醒你，马雅可夫斯基，拿破仑有一句名言：从伟大到可笑，只有一步之差……”马雅可夫斯基目测了一下自己与那个人的距离，突然用手指了指自己和对方，说道：“不错，从伟大到可笑，只有一步之差。”顿时，全场哄堂大笑，而挑衅者则目瞪口呆，狼狈不堪。

在这种场合下，马雅可夫斯基在受到对方指责时，若就自己是否“伟大”和是否正在“从伟大向可笑滑去”的问题展开辩论，这场演讲也就难以收场了。马雅可夫斯基不愧为辩论高手，他抓住两个“一步”的表面相似之处，小做文章，把对方的比喻词转换为距离上的实指，进而把可笑的矛头轻巧地回刺了对方。

诡辩事例：

一位中学老师给学生讲中国近代史，他向某学生提出一个问题：“你是怎样认识孙中山的？”这位学生站起来回答说：“（ ）”[①] 全班同学听了哄堂大笑，老师也被弄得啼笑皆非。显然，该学生犯了偷换概念的错误。如果是由于功课没有学好而故意这样回答，就是地道的诡辩。

黑格尔在他的《哲学史演讲录》中讲了这么一个故事，有人问梅内德谟，他是否已经停止打他的父亲了？这是一种两难问法，不管他回答“是”还是“否”，都会落入对手的圈套。梅内德谟的回答是：“我既没有停止，也没有打他。”看似简单提问“是否停止打”的表层意义之下隐藏着一个“你一直在打”的问题，因此，回答时必须注意，不要仅就表面的提问作简单回答，而要注意作复式回答。

在电影院里，有人大声说话，旁边的观众提醒说：“看电影呢，请别说话。”结果那人说：“你不也在说话吗？”一句话把人噎个仰倒，太气人了，三言两语还真说不清这个理，纯属故意混淆概念，无理取闹。这要是两人脾气不好，一场口舌之争恐怕就会演变成拳脚相加了。

诡辩，不是我们提倡的，它不利于团结。诡辩，是我们应该掌握的，以避免受到伤害。希望同学们善用语言，多说良言美语，少一些恶语伤人。

【游戏】3-04 成语接龙

熟能生（ ）立名（ ）不暇（ ）二连（ ）教九（ ）连忘（ ）璞归（ ）材实（ ）事如（ ）机妙（ ）无遗策

① 我根本不认识孙中山。

【请求】你觉得**熟能生巧**吗？若以此为辩题，请说说你的观点。

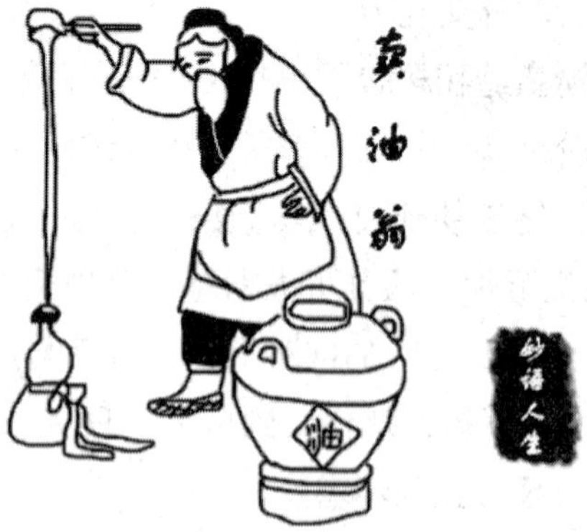

第四节　解说技能

解说有什么好解说的，这也需要学习吗？

答案是必须的！因为这是最接地气的口语表达技能。

无论是工作中还是生活中，常态性的口语表达就是解说。我们非常有必要了解解说的基本方式和方法，注意运用口语修辞技巧，能够流畅、生动地对给定话题进行解释说明。简单地说，就是把话说明白。

一、什么是解说

解说是说明事物、解释事理的一种口语表达方式。解说要说得清，前提是自己对所要解说的事物、事理清楚明白，“以其昏昏”是不可能“使人昭昭”的。

朗诵、演讲、辩论更能够展现口语表达的艺术魅力，解说则更多地呈现生活的实用性——“接地气儿”。实际上，在朗诵、演讲、辩论的艺术化表达中也需要融入解说的平实与晓畅，才不至于让听众感到过于舞台化，给人以装腔作势的不舒服感。尤其是年轻人，很容易在朗诵、演讲、辩论时，表现得过于激动，这是需要我们改进的。

在教学过程中，教师口语的表达方式更多的是运用解说，也就是讲授语，如：知识介绍、例题讲解、实验分析、答问解疑等。解说是人们应该具备的一项基本语言技能，更是教师应该熟练掌握并能灵活运用的基本语言技能。

关于解说，有一个很经典的案例。一个青年问什么叫相对论，爱因斯坦解释说：“这就好比你和一个姑娘坐在一起，如果你喜欢她，你会觉得时间过得很快，如果你不喜欢她，你就会觉得时间过得很慢。”

【请求】来吧，试试解说！

① 请向 10 岁小朋友解释天气预报、龙卷风、天狗吃月。

② 请说说你喜欢的一道菜的做法。

【游戏】3-05 对联填空

一条大路通（　　），两边小店卖（　　　）。

北京大学吴小如教授曾为茅盾纪念馆作了一副对联，其中巧用了茅盾的小说篇名。请你补全对联：一代文章推（　　　），毕生心血似（　　　）。

二、解说的基本要求

有个故事：

“救火！救火！”电话里传来了焦急的呼救声。

“在哪里？”消防队的接线员问。

“在我家！”

“我是问着火的地点在哪里？”

“在厨房！”

“我是问我们怎么样去你家呢？”

“你们不是有消防车吗？”

“我是问我们怎么开到你家？”接线员显然有些生气。

“难道你们没有司机？”报警的人火气更大。

现实生活中，这种“你说城门楼，他说小草头”的沟通屡见不鲜。这种不得要领的沟通，涉及交际中的语言环境问题。沟通双方都存在解说不到位的弊病，即主观判定对方应该理解自己所说的，武断地认为双方已经具备了沟通的基础和前提。因此，我们在解说的过程中，要充分考虑到解释的语言是否具备了让对方理解的基础，比如，在课堂教学中，通常要考虑大多数同学的认知基础，然后确定教学难度、内容、方法等，遇到较难理解的哲学问题时，教师要精心挑选生活事例加以对比说明。

（一）真实可信，科学有序——内容

解说的核心要求就是正确、科学，不能以讹传讹，误人子弟。谎言说了一千遍也就成了真理，“三人成虎”的事例告诫我们解说不是讲故事，万不可添枝加叶，随意粉饰。

苏颂是北宋时期的大臣，有一次他出使契丹，正好赶上冬至。在契丹的历法中，冬至比宋朝的晚一天，契丹国王问他哪国的历法对，苏颂说："历法有一点差异很正常，比如，亥时是今天晚上，过了几刻钟就是子时，那就要算明天了。我们可以按照各自的历法庆贺节日。"契丹国王认为他说得有道理，不再纠结谁对谁错。苏颂回朝后，皇帝夸他解释得既符合事理又不辱没国威，好！

【请求】 请分别对5岁和10岁的孩子解释一瓶矿泉水在冰箱里冷冻后被撑变形了是什么原因。

（二）条理清晰，符合规律——逻辑

解说要层次清晰，既符合事物本身的规则，又符合人们的认识规律，说得清、道得明，才能让人理解得快、理解得透。

为了让人们能更深刻地理解人生成功之道，国学大师王国维在解说时引用了三句词来进行说明，条理清晰地阐释了三个境界——起初的迷惘，继而的执着和最终的顿悟，令人叹服。

第一境界： 昨夜西风凋碧树，独上高楼，望尽天涯路。

第二境界： 衣带渐宽终不悔，为伊消得人憔悴。

第三境界： 众里寻他千百度，蓦然回首，那人却在灯火阑珊处。

还记得过马路的方法吗？一慢二看三通过。这就是解说得条理清晰，符合规律，而且简洁高效。

【请求】 你的姥姥第一次使用华为智能手机，你在外地，只能用打电话的方式教她如何视频通话。请说说吧。

（三）深入浅出，言简意赅——语言

解说的语言要准确易懂，遣词造句要讲究分寸感，根据解说对象选择对方容易理解的词语和表达方式。

毛泽东主席说："房子是应该经常打扫的，不打扫就会积满了灰尘，脸是应该经常洗的，不洗也就会灰尘满面。我们同志的思想，我们党的工作，也会沾染灰尘的，也应该打扫和洗涤。"毛泽东主席用通俗易懂的语言阐明了党风廉政建设的重要性和必要性。

习近平主席在教育党员干部时，用"照镜子、正衣冠、洗洗澡、治治病"，通俗易懂地讲明了总要求。

【请求】 请说说你理解的"闺密""打 call"。

（四）注重修辞，讲究技巧——技巧

解说时，一方面要注重语法修辞，做到文辞优美、比喻生动；另一方面要注意运用口语修辞技巧，如：停顿、重音、节奏、语调等。解说的语速不宜过快，说到关键词时要慢说、重说。

一位历史老师讲到19世纪末的英德战争时，说："德国作为帝国主义筵席上的迟到者，是根本不满足于只得到一些残汤剩饭的。它活像一个吃不饱的汉子，自然首先盯着英国那个大盘子——相当于英国本土面积一百多倍的殖民地。"这位历史老师用了连续的形象比喻，幽默风趣、犀利地揭示了英德两个帝国主义国家的殖民本性和侵略野心，做到了文辞优美、比喻生动。

【请求】 你和日本朋友看电影《鬼子来了》，他问你什么叫"日本鬼子"？或者，一个英国留学生问你"洋鬼子""假洋鬼子"是什么意思？你来说说吧。

三、解说的种类

解说从形式上分，有简约性解说、细致性解说等；从功能上分，有阐明性解说、纲目性解说等；从用语特点上分，有平实性解说、形象性解说和谐趣性解说等。

1. 简约性解说

用凝练的语言表达语意，言简意赅，一语中的，多用下定义法或抓特征法。例如：什么是警句？是发人深思、让人警醒的句子；什么是偏见？是偏向一方的见解。

【请求】 什么是中国梦？请写下来吧。

阐述事物的概念时，要明确概括出事物的本质特征，做出正确的解释。但是，在口语中有时不可能，也没有必要将其本质特征全部解释出来，做部分提示即可。例如，讲到文学，为了强调语言运用的重要性，就可以从一个侧面做出解释："文学是语言的艺术。"

【请求】 什么是对联？

对联既是一种特殊的艺术品，又是一种特殊的文学体裁。对联兼诗歌、散文之长，内容涉及地理、历史、宗教、民俗、名胜等，包罗万象。欣赏对联，可以增长人文知识，了解风俗人情，享受审美乐趣，陶冶情操。

你看这段话属于简约性解说吗？为什么？

2. 细致性解说

详细阐述问题的来龙去脉，给听者以全面深刻的认识，结合实际情况，综合运用多种解说方法。优秀的教师能够让学生透彻地理解学习内容，就是教师善于运用细致性解说。而有些新入职的教师往往无法很好地掌握这种技能，只会照本宣科式地讲解，不会多角度、多层次地解说教学难点。有些师范生大四的时候到中学教育实习，因为没有经验，不擅长旁征博引式的讲解，容易出现 20 分钟讲完一堂课的情况，剩下的时间只能尴尬地让学生上自习。

例如，在解释成语时，可以这样进行细致性解说：成语是人们长期以来习用的、简洁精辟的固定短语，它承载着博大精深的中华传统文化。成语运用得准确恰当，能增强语言的表达效果。因此，不断积累并梳理成语，是语文学习的一项重要内容。

第一句话是对成语进行定义，属于简约性解说；第二句话细致性解说成语的作用；第三句话进一步说明学习成语的意义。

【游戏】3-06 请说几个成语及其典故。

3. 阐明性解说

对一种见解作言之有理的分析和说明，方法较多，如：举例子、作比较、抓特征、作分解等，综合运用起来效果更好。

下面是一位数学教师讲“圆”的定义时的一个教学片段。

师：“车轮是什么形状的？”

生：“圆形。”

师：“为什么车轮要做成圆形的呢？难道不能做成别的形状？比如：三角形、四边形……”

生：（觉得很有趣）“不能，否则车轮就滚不起来了。”

师：“那就做成这样的形状吧！（教师在黑板上画了一个椭圆）这样行吗？”

生：（开始有些茫然，接着大笑起来）“这样一来，车子前行时就会一会儿高，一会儿低。”

师：“为什么做成圆形就不会一会儿高，一会儿低了呢？”

学生们议论纷纷，最后终于找到了答案：因为圆形车轮上的点到轴的距离是相等的。至此，教师自然地引出了“圆”的定义。

关于“圆”的定义，教师本来只需用一两句话就可以说清楚，这位教师却先一连向学生提出了几个问题，引起学生极大的兴趣，让学生牢牢地记住了“圆”的定义。这种教学用语是教师在充分考虑到发展学生的想象力、推理能力的基础上精心设计出来的。

【请求】 请阐明为什么中国人都要“过年回家”。

4. 纲目性解说

提纲挈领地分点说明事物、事理的方法，与简约性解说属于同一类型，有分列式、条目式、层递式等。这种解说方式条分缕析，有助于听者形成较好的知识结构。例如：正在介绍的解说的种类，就是纲目性解说。

解说是一项非常实用的口语表达技能，在演讲、辩论、交谈中都会涉及，其核心要求是用清晰准确的语言说明事物、解释整理，在此基础上，追求平和、幽默的交流氛围，实现良好的沟通效果。请同学们有意识地进行这方面的练习。

【请求】请用纲目性解说法，解说“没有共产党就没有新中国”。

四、解说的方法

笼统地说，解说往往从三个层面展开。

1. 讲清“是什么”

介绍一个人物、推销一个产品、分析一种现象、汇报某项工作、传播某种信息等，首先要让对方清晰地知道你要解说的是什么，这是解说的基本要求。类似于语文教学中的缩写练习，将一段较长的表述提炼出核心语汇，具有标题性质，有助于记忆。设想，一位教师讲课时不写板书，没有课件，一堂课下来，学生会不会有恍如隔世的感觉，头脑中难以形成清晰的逻辑结构。因此，在解说时，首先要做到亮明观点，突出主题，精准地告知对方“是什么”。

例如：什么是“一带一路”？“一带一路”是“丝绸之路经济带”和“21 世纪海上丝绸之路”的简称。

如果我们不先给出定义，而是这样说：这是我们国家的大战略，而且是有历史渊源的……你能听明白吗？

【请求】什么叫“坑爹”？什么叫“逆生长”？你来说说吧。

【游戏】3-07　填空

泡菜，也叫（　　　　），是（　　　　）族饮食中最有特色的一种（　　　　）。它以（　　　　）为主要食材，以（　　　　）、盐、水果等为配料进行腌制。

（　　　　）是安徽驰名中外的素食，经过（　　　　）后，配上葱、姜、糖、盐、高汤、酱油等调味料烹调而成。在（同上）的过程中，它的两面变成金黄色，出现虎皮斑纹，所以又被称为（　　　　）。食用时，配上（　　　　），鲜香味醇，爽辣可口，让人（　　　　）大振。

2. 讲清“为什么”

介绍一种原理、说明一个道理、分析某种做法的依据等，就要考验解说者分析问题、整理问题的能力了，是引经据典、旁征博引，还是丝丝入扣、娓娓道来，又或是妙趣横生、举一反三，则是因人而异了。

例如，在《舌尖上的中国》中有一段话，解释为什么挖藕要有耐心和技巧：

“想要取出一段完整的藕，要先摸清楚整根藕的走势和长度，然后再逐段地清除淤泥。藕断了就破了卖相，灌进了淤泥就更卖不出好价钱，所以，每一个挖藕人都要小心地把藕完整地挖出来。”

这段话清楚地讲明了为什么挖藕要有耐心和技巧，因为若没有耐心和技巧就容易把藕弄断，甚至灌进淤泥，那么藕的卖相就会不好，卖不出好价钱。

在课堂教学中，教师不仅要告诉学生“是什么”，更重要的是要让他们知道“为什么”，能够由此及彼、触类旁通，即授之以鱼不如授之以渔，因为知识是永远传授不完的。

有一个地主家的笨儿子学写字的故事。地主请秀才教了儿子几天后，他想检查一下教学效果，就让儿子写“一”，儿子写出来了；让儿子写“二”，儿子写出来了；让儿子写“三”，儿子还能写出来。这可把地主乐坏了，儿子太聪明了，短短几天就学会写三个字了。于是地主又让儿子写一个字，结果……，地主傻眼了！①

【请求】 你来说说地主为啥傻眼了。

3. 讲清“怎样做”

说明一种操作过程，解说一个注意事项或解题方法等，即解决问题的过程。这是“三段式”解说中的核心部分。知其然，知其所以然，而后知类似者然也。我们学习了定理、定义、公式、程序，目的是解决现实社会中的复杂问题，要知道“怎样做”。

在我的小学时代，黑板上的标语大多是：好好学习，天天向上。这句话的激励作用是明显的，时代的局限性也是了然的。它告诉我们上学的准则——好好学习，上学的目标——天天向上，但没能告诉我们为什么学习，怎样好好学习，缺失了动机与方法的解释。而后来的“艰苦朴素，求实创新”“崇德尚学，厚积薄发”等多样性标语的呈现则弥补了这一缺憾。

复杂一些的解说，则是这三个层面的组合，它可以把问题解说得更全面、更深刻。在解说的过程中，经常会用到下定义、说特征、分类、比喻、分解、打比方等方法。在一段解说中，这些方法常常被交替运用。

下面这段关于“神舟”五号载人飞船成功发射的新闻解说融文学性、思想性于一体，清楚地解说了“神舟”五号载人飞船发射的过程、意义。

2003 年 10 月 15 日清晨，朝阳辉映着酒泉卫星发射中心载人航天发射场耸入云天的发射架。乳白色的“神舟”五号飞船内，杨利伟——中国第一位航天员正静候着一个举国关注的时刻。

上午 9 时整，随着一声惊天动地的巨响，巨型运载火箭喷射出一团橘红色的烈

---

① 地主让儿子写个“万”字，儿子写了半小时还没写完，气得把笔一扔不写了，大呼：“这个字太难写了！”

焰，托举着载人飞船拔地而起，直刺九霄……

这是人类航天史上一次不同凡响的发射，它标志着中国从此成为世界上第三个有能力依靠自己的力量将航天员送入太空的国家。

为了这个飞天梦想，一个古老的民族已经等待了几百年，一代又一代航天人已经努力了近半个世纪。

【请求】 怎样理解“绿水青山就是金山银山”？怎样理解“冰天雪地也是金山银山”？你来说说吧。

【游戏】3-08　填空

1885 年 6 月 1 日，（　　　　）举行了一次国葬，有 200 万人参加，哀悼的既不是显赫的（　　　　），也不是战功（　　　　）的将军元帅，而是（　　　　）的作者维克多·雨果——19 世纪伟大的浪漫主义（　　　　）。

第五节　交谈技能

传统观念认为话多伤身，“逢人只说三分话，未可全抛一片心”，传统文化中注重“沉默是金”“讷于言，而敏于行”“大智若愚”，认为话不多是成熟的标志。但是在现代社会，特别是随着信息社会的到来，人际交往能力越来越重要。一个人事业上，甚至生活上的成功与否，在很大程度上都要取决于他的人际交往能力。人际交往能力最外显的就是口语交际能力，更具体地说是交谈能力。

一、什么是交谈

交谈，是两个或两个以上的人以口语为工具，以对话为基本形式，面对面（或利用电子通信设备）地进行思想、感情和信息交流，达到相互了解的一种口语表达方式。

交谈是人们在日常生活中最基本、最常用的一种口语表达方式，也是教师在教育教学活动中经常用到的，是了解学生的思想动态，帮助学生提高认识、转变思想、改正错误，增进师生友谊，实现教学相长的有效手段。

二、交谈的特点

即兴说话：思考时间短，出语快，要求听辩灵敏，组语迅速。

相互制约：交谈的内容、节奏相互制约，相互呼应。

灵活多变：话题不固定，内容多变，随意性大。

听说并行：多向传递，互为“听”“说”。

三、交谈的基本要求

真心诚意：以“诚”为本，以“情”为线。

全神贯注：认真听讲，积极思考，善言者善听。

随机应变：机智幽默，应对自如，来言去语，妙趣横生。

温文尔雅：良言一句三冬暖，恶语伤人六月寒。

四、交谈的基本方式

在交谈中，交谈的方式不同，效果也不同。特别是一些重要的交谈，如果方式不对，可能导致交谈失败，造成不可挽回的损失。因此，选择恰当的交谈方式，对于改善交谈效果，达到交谈目的，是十分有益的。

调查式：由一方对另一方进行调查、询问，以问答为基本形式。关键在于相互配合，问者目的明确，富于启发；答者据实以对，针对性强。

说服式：一方对另一方就某一问题进行劝导、说服。说服占据主动，对交谈的内容、进程、效果起关键作用。

倾泻式：一方主说，一方主听。说者的目的在于一吐为快，寻求帮助；听者的责任在于良言相告。

辩论式：各抒己见，畅所欲言，你来我往，针锋相对。（可以就“善意的谎言是谎言吗？善意的诺言呢？”进行辩论式交谈）

商讨式：提出问题，共同协商，各自表态，求同存异。

闲谈式：无明确目的，以联络感情、传递信息为主。

五、交谈的技巧

在交谈过程中，先要确定话题，话题是初步交谈的媒介，是深入交谈的基础，是纵情畅谈的开端。好的话题的标准是：至少有一方熟悉话题，愿意谈，通过交谈能有所得；要考虑交谈对象，交谈是双向传输、接受的过程，因此，在交谈时要多站在对方的立场上想问题，如：考虑对方的语言习惯、性别、年龄、性格、身份，以及和自己的亲疏关系、职业特点等。

（一）适当运用技巧

打破沉默，调节气氛，使谈话顺畅进行。

1. 如何打破沉默

自己：放下架子，热情待人，或适可而止，让对方说话。

对方：巧设悬念，善于启发，或转换话题。

双方：过去的恩怨抛之脑后，求大同、存小异。

环境：换一个环境。

2. 如何问话

交谈，少不了提问，问话有以下几种类型。

限制型：限制对方的回答范围，帮助提问者获得较为理想的回答。

选择型：提供多种方案，让对方自由选择。

婉转型：避免对方拒绝回答，投石问路。

直接型：直截了当，要求对方作出明确回答。

启示型：运用声东击西、欲正故误、先虚后实等方法，启示对方回答。

攻击型：简明扼要，切中利弊，击败对方。

协商型：以商量的口吻向对方提出要求，使对方不好拒绝。

诱导型：用问句诱导对方说出自己想说的，然后接过话头，表述意见。

3. 如何答话

答话是对提问的反馈。有些情况，需要巧妙地回答，以免落入对方设计的语言陷阱；不能不回答时，则需要巧妙地“答非所问”。

顺应前提：正面、定向地回答对方提问。

更正前提：提问者的问题不明确，回答者无法定向反馈，需更正前提。

回避前提：问题过于尖锐，难以或不便回答，需回避前提。

更换前提：不愿意回答对方提出的问题，需更换前提。

利用前提：将计就计，顺理成章，以其人之道还治其人之身。

科学巨人法拉第在进入英国皇家学院工作之前，曾和介绍人戴维爵士进行过一次谈话。

戴维：“很抱歉，我们的谈话随时有可能被打断。不过，你很幸运，此时此刻仪器还没有爆炸。法拉第先生，信和笔记我都看了，你在信中好像没有说明你在哪里上的大学。”

法拉第：“我没有上过大学，先生。”

戴维：“哦？但你做的笔记说明你显然是理解这一切的，那又怎样解释呢？”

法拉第：“我尽可能去学习一切知识，还在自己的房间里建立了小实验室。”

戴维："年轻人，我很感动。不过，可能因为你没在实验室干过，所以才愿意到这儿来。科学太艰苦，要付出极大的努力，报酬却很微薄。"

法拉第："但是，能做这个工作本身就是一种报酬啊。"

戴维："你看看我眼边的伤疤，这是在氢实验中的一次爆炸后留下的。我想，你装订的那些书籍总不曾将你炸痛，让你出血或把你打昏吧。"

法拉第："是的，不曾有过，但每当我翻开装订的科学书籍，它的目录常常使我目瞪口呆、神魂颠倒。"

这段对话重点突出，详略得当，饶有趣味。戴维爵士强调的是从事科学研究工作不是一件轻松的事，需要付出艰苦的劳动，甚至要付出伤残或牺牲的代价，而法拉第表达的是对知识的强烈渴望，对科学的执着追求。谈话的结果是戴维爵士破格让法拉第当了自己的助手，从此，法拉第便在科学事业中大显身手了。假如当初一个强调学历，另一个贪图金钱，那肯定是另一番情形了。

（二）如何说话得体

1. 看清对象，因人而异

任何交际都不能离开特定的对象。与人说话，必须根据对方的实际情况，如：年龄、身份、地位、文化、教养、性格及彼此间的亲密程度等，恰当地传递信息。不看对象、不要听众的做法是可悲可笑的。

2. 注意目的，字斟句酌

交际的目的不同，说话的详略、重点的选定都应有所不同，否则，就会影响口语表达的效果，甚至会弄巧成拙。

生活中有这样的事，可以一笑，也可以一悟。有个叫刘大的人，特地邀请好友张三、李四、王五和赵六来家做客。快开饭了，赵六还没来，刘大急了，自言自语地说："唉，该来的还不来。"张三听了，就想："那么我们可能是不该来的。"于是他很不高兴地走了。刘大见张三莫名其妙地走了，着急地说："唉，不该走的又走了。"没想到，这话偏偏被李四听到了，李四心想："那么我们是该走的了。"于是他也拂袖而去。王五见此情景，便劝刘大："老兄，你说话可要注意啊！"刘大无可奈何地对王五双手一摊，说："你看，我又不是说他的。"王五叹了口气，一转身也走了。刘大傻了，不明白这究竟是怎么回事，还自言自语地说："我又没有得罪他们，怎么都走了呢？"

3. 适应场合，注意身份

说话时要区分场合，否则就会影响交际效果。某法院开庭审理一起盗窃案，被告对作案时间交代不清，为了核实，审判长决定传被告之妻作证。由于非常着急，审判长竟脱口而出："把他老婆带上来！"法庭内顿时哗然，严肃的气氛荡然无存。当时，审判长应该运用法庭用语，宣布"传证人某某到庭"，由于用日常口语取代了法庭用语，不适应场合，显得很不得体。

场合不同，说话风格也要有所改变。

国画大师张大千一向为人孤傲。一次，他为弟子举行饯行酒宴，邀请了社会各界的名流。在酒宴上，他一改往日的做派，举杯来到京剧大师梅兰芳先生面前，说：“梅先生，你是君子，我是小人，我先敬你一杯！”宾客们听了都感到很惊讶，梅兰芳先生不解其意，问：“此话怎讲？”张大千笑答：“你唱戏，动口，你是君子；我画画，动手，我是小人嘛！”满堂宾客大笑不止，梅兰芳先生笑着举杯一饮而尽，宴会气氛变得非常热烈。如果张大千在宴会上仍然孤傲，势必会影响宴会的氛围。

4. 理解心境，恰如其分

人非草木，孰能无情？喜怒哀乐，人之常情。只有理解对方的心境，说话适度，褒贬扬抑恰到好处，才能得到对方的信任与尊敬。某电台《青年信箱》的播音员曾收到3位听众的来信，说他们听了优美动听的声音，真想见一见播音员同志，但知道不可能，所以希望能得到播音员的照片。面对这一难题，播音员说了一番动情而又恰如其分的话：“3位听众朋友，首先，我非常感谢你们的好意，你们也许听过这句话，‘知人知面不知心’，看来，交朋友最难的是交心，那么，还是让我们做知心朋友吧！”可以想象，这3位听众听后，一定会倍感亲切。

5. 上下协调，前后照应

一句话是否合适，能否取得最佳效果，不仅取决于谈话的对象、目的、场合、心境，也取决于和上下文的关系。如果说话人在说话时没有注意上下文的配合照应，那么，听话人就无法辨别说话人究竟表达了哪种意思，容易引起理解上的歧义。因此，交谈时要周密地安排对话，言之有序，前后关联。

有这样一段谈话，谈话双方分别是一位退休老工人和一位“送温暖”慰问团的干部。

“您身体真硬朗，今年高寿？”

“79啦。”

“人生70古来稀，厂里数您最长寿吧。”

“哪里，××活到84呢。”

“那您也称得上是长寿亚军了。”

“不过，××去年归天了。”

“哟，这回可轮到您了。”

谈兴正浓的老人听了这句话，话锋顿收，脸色陡变。问题就出在了“这回可轮到您了”这句话上，轮到老人什么呢？是轮到“长寿冠军”，还是轮到“归天”？意思不清，说话人当然是指前者，但从上下文分析，也可以理解为后者。“一句话惹人笑，一句话惹人跳”，说话时不注意上下文的配合，就无法充分发挥语言的交际功能，反而会给融洽的交际平添周折。

【案例1】

韦森先生贩卖新设计的草图给服装设计师和成衣厂商。3年来，他每星期或者最多每隔一星期都前往纽约拜访一位著名的服装设计师。“他从没有拒绝见我，但也从没有向我买草图。”韦森说道，“他每次都仔细看我带去的草图，然后说：‘对不起，韦森先生，我们今天又做不成生意了。’”

经过150次的失败，韦森反思自己可能过于墨守成规，于是，他采用了新的处理方式。他把几张没有完成的草图挟在腋下，然后跑去见服装设计师。“我想请你帮点小忙，”韦森说道，“这里有几张尚未完成的草图，可否请你帮忙完成，以符合你们的需要？”服装设计师一言不发地看了一下草图，然后说：“把这些草图留在这里，过几天再来找我。”3天后，韦森去找服装设计师，听了他的意见，然后把草图带回工作室，按照服装设计师的意见修改完成。结果呢？设计草图全卖出去了。

“我知道为什么多年来都无法把草图卖给他。”韦森说道，“我一直希望他买我提供的草图，这是不对的。后来我要他提供意见，他就成了设计人，他的确是的。我并没有必要把草图卖给他，他自己买了。”

从上面这个例子中，我们隐隐发现一个秘诀，一个促使人们意见一致的秘诀：让别人觉得那是他们的主意。如果你让他觉得他就是主人，那么他还会有什么顾虑而不竭尽全力呢？

可见，说话得体的确是一种艺术。只有面对不同的语言环境随机应变，才能取得最佳的表达效果。

【案例2】触龙说赵太后

秦国趁赵国政权交替之际大举进攻，占领了3座城市，赵国形势危急，向齐国求援。齐国给出的条件是必须得让赵太后的小儿子到齐国作人质才肯出兵救赵国。赵太后溺爱小儿子，执意不肯，谁劝都不听，最后她说：“你们谁要再劝我，我老太婆就往你们脸上吐唾沫。”触龙来了，先和赵太后唠家常，问她身体怎么样，吃得好不好，能不能睡着觉，闲聊从感情上削除了赵太后的戒备心理。然后，触龙开始求情了，要给小儿子谋个差事。赵太后一听来劲了，说：“你们男人也关心孩子吗？”由此进入正题，赵太后“上钩”了，可以开始劝说了。触龙顺着赵太后的话说：“我觉得您爱女儿超过了爱儿子。”赵太后说：“怎么可能，我最疼爱我的小儿子了，那是捧在手里怕摔着，含在嘴里怕化了，你有什么证据说我疼爱女儿超过了儿子？”于是，触龙说到了本次劝谏的关键点：“**父母之爱子，则为之计深远**。”整个劝说过程没说一句应该送小儿子去作人质的话，却一步一步引导着赵太后自己悟出应该送小儿子去作人质的结论。这就是劝说的艺术，虽不着一词，却句句在劝。

【案例3】优孟哭马

楚庄王非常喜欢的一匹马死了，怎么死的呢？被楚庄王喜欢死的。他给马穿上绫罗绸缎，安置在宫殿里，备了一张大软床，喂它吃枣。结果这匹马营养过剩，肥胖过度，病死了。楚庄王哭得很伤心，成立治丧委员会，要按大夫的葬礼规格来安葬这匹马。大臣们劝他别胡闹，楚庄王不听劝，下令：“谁再劝，杀！”优孟来了，一句话不劝，就一直哭，他一把鼻涕一把眼泪地哭着说：“宝马乃大王的最爱，理应厚葬，怎么能用大夫的规格呢？应该用君王的规格，用美玉做棺材，派千名士兵挖墓，老人和孩子背土筑坟，让外国的使臣跟着送殡，然后修庙，杀猪宰羊祭祀，让诸侯各国都知道大王最喜欢这匹马了。”楚庄王一开始还真以为优孟支持他，越听越不对劲，最后知道自己错了。

本章小结

这一章的内容我们已经全部了解了，希望大家能够实现博采众长的目标，掌握好朗诵、演讲、辩论、解说、交谈等口语表达的基本方式，能够具备“羽扇纶巾，谈笑间，樯橹灰飞烟灭”的口才实力。

第四章　教 书 育 人

教育所面临的最大挑战不是技术，不是资源，而是教师的思想观念。

——苏格拉底

第一节　教师口语

在口语交际中，我们有时会说某人有“职业病”，说明此人说话办事带有明显的职业特征。不同的职业有不同的要求，工作单位通过制度、活动、环境等影响着人们的口语表达习惯。久而久之，人们会逐渐形成与职业密切相关的表达特征，职业语言自然形成。职业语言的形成一方面是工作对人们的要求，另一方面也是人们习惯养成的结果。

“工欲善其事，必先利其器”，我们很多想要从事教育工作的同学不可不“利”教师口语这件“器”。针对不同阶段、不同学科的教育，教师的口语表达特点也各不相同，例如：幼儿教育和大学教育，体育学科和语文学科，语言风格应是大相径庭的。

【请求】 请以《大智若愚》为题，你来说说吧！最好能写下来一段，请别人看看针对的是哪个年龄段的人，看看是否与你事先设定的一致。

一、教师口语的特点

在社会中，教师的形象无疑是能说会道的，尤其是在家族活动中。例如，家庭聚餐时的祝词，劝说幼童刻苦学习等，家族中的教师成员大多要“冲锋在前，当仁不让”，若推三阻四，势必招致其他家族成员的埋怨：你看你是当老师的，会说话，你不说谁说？

事实也大多如此，教师的口语表达能力在一众行业中的确是名列前茅的，既是职业要求，亦是职业养成。

【请求】 假如你叔叔家的6岁小男孩迷上了打游戏，一有空就拿父母的手机玩，婶婶请你帮忙劝劝，你打算怎么劝这个小男孩呢？

请把你的思路梳理出几点吧，即你想从哪几个方面进行劝说：

①______________________________

②______________________________

③______________________________

教师经过长期的语言训练，其口语表达具有准确性、教育性、文学性和艺术性等特点。

（一）准确性

传之不准，生何以正？教师要为人师表，做学生的典范，其语言所承载的信息必然以准确为先。

准确性包含三个方面：规范性、科学性和针对性。

1. 规范性

指教师的职业语言必须是普通话，遣词造句必须合乎汉语言文字规范，尽量避免用词不当、语句不通。

中小学生的模仿能力很强，他们不仅跟教师学习文化知识，也学习表述方法。教师的语言规范，在潜移默化中，学生的语言也能规范起来。

2. 科学性

指教师所讲的概念、原理、规则等，都必须符合各门学科的科学性要求，做到准确、完整、周密。教师不能向学生传播无用信息，更不能传播错误信息。师者，学高为师，既为人师，则当传正道、解疑惑。

3. 针对性

指教师必须针对不同的教育对象、教育内容和教育环境，恰当地运用教学语言，这便是因材施教。唯有如此，教学工作才能做到有的放矢，取得实效。

【请求】 假定有一位中学教师，想要鼓励不同性格的学生上台发言，你来给示范几句吧！

第一位学生：女生，胆小，内向，说没准备好。你怎么鼓励她？

第二位学生：男生，内秀，腼腆，说还没想好。你怎么激励他？

写完了吗？你觉得自己写得如何？肯定很棒吧！请想象你就站在教室里，身临其境地在劝说、激励学生，把你写的话说一说！

我也写了几句话，你看行不行。

针对第一位学生：生活就是一场永远无法尽善尽美的旅程，每个人都无法停下，也不应该停下，我们必须前行，永远在路上，行动就是最好的准备。来吧，你需要准备的不是站起来的勇气，而是如何接受同学们羡慕的眼神，如何享受众人皆坐我独站的自豪。

针对第二位学生：最动听的语言不是因为文辞的华丽，而是因为表述的真诚和透彻。想说什么就说什么，想到什么就说什么，我们只想听你说话，因为我们相信，你是一个有想法的人，你不是一个不愿意把想法告诉我们的人。

教师在鼓励学生回答问题时，不能简单地认为“说吧，别紧张，说不好没关系”之类的话就可以让学生放下羞怯勇敢地站起来，要设身处地地从学生的心理出发，设计一些递进式的激励性语言，一步一步为学生搭建好站起来的阶梯。

郭启明先生说：“教师的语言不仅要因人而异，还要因教材内容而异，因环境场合而异，因时间变化而异。”[①] 这说明了针对性的重要。

（二）教育性

心中有爱，语出有情。教育不是干巴巴的说教，而是挚爱与技巧的融合统一。教师的职业要求教师要注意随时对学生进行思想道德教育，把德育渗透到语言实践中去。教师的语言要能够对学生产生积极的鼓励作用，避免伤害学生的自尊心和自信心。

例如，一个中学生因和同学吵架受了委屈，打开窗户作势欲跳，班主任来了，因为知道这位同学素来胆小，根本不可能跳下去，便说道：“你跳啊！看你那点出息，把你能耐的，还要跳楼，不就吵个架嘛，至于吗？人这一辈子，谁还能不吵个架，动不动就跳楼，楼是用来给你们跳的？吓唬谁呀！那谁，是不是你俩吵的架？去，你也跳，你和他一起跳，你俩跳到楼下接着吵，不许停，吵到死为止！”

【请求】 请谈谈这位教师的教育效果如何？

我的看法是：如今的年轻人好像没有什么事是他们不敢做的，因此，教师的教育性语言还应以温和为主。若学生真因为抹不开面子，骑虎难下之时，教师的一句“你跳啊”有可能会刺激学生做出傻事儿。

我们看看下面两位教师与不积极参加比赛的学生的谈话。

---

① 郭启明. 教师语言艺术［M］. 北京：语文出版社，1992：6.

甲：怎么样，胸有成竹了吧！你是“泰山崩于前而色不变”，他们几个都忙懵了，小脸儿蜡黄，你要多帮帮他们。这次比赛很重要，千载难逢的机会，你们可一定要抓住了，千万别因为疏忽、懒惰而遗憾收场。爱拼才会赢，有些事一定要全力以赴。你这段时间的核心任务就是迎接比赛，你说是不是？

乙：你有病啊，人家都在忙着准备比赛，累得跟个孙子似的，就你像大爷似的，不想参赛你就吱声，别一条鱼腥了一锅汤！

看看，你愿意听谁说话，一目了然吧。教育是需要爱的，体现在爱的眼神、爱的微笑、爱的语言上。

【请求】 请把这段幽默对话补充完整吧。

学生：老师，这次考试，我想我不该得零分。

老师：____ ①

（三）文学性

对从事着太阳底下最神圣的职业的教师而言，恐怕没有人否认教师是有文化的，教师的语言是有文采的。如果教师的口语表达缺乏文学性，会容易招致人们的非议：就这水平还当老师呢？因此，对于想要从事教师这一职业的人来说，提高口语表达的文学性至关重要。教师口语不仅要符合汉语言文字规范，还应注重语言表述的文学美。

“为人性僻耽佳句，语不惊人死不休”，这是唐代诗人杜甫写诗的标准。作为教师，虽不必达到如此境界，但对语言进行一定的文学修饰还是非常必要的。

一位教师讲解苏轼的《念奴娇·赤壁怀古》时，对“大江东去”一句的讲解不是简单地告诉学生是“长江之水向东流去”，而是进行了语言学加工：滔滔长江水向东流去，在我国古代的诗词里，有很多描写江河的诗句，几乎都是写它向东流去，例如，大家熟悉的“问君能有几多愁，恰似一江春水向东流”，还有“三万里河东入海，五千仞岳上摩天”。为什么要写它向东流去呢？这是由我国西高东低的地势决定的。这一点也就成为我们中华民族在描写河流上的一个特点，这就是语言的民族性。因而诗人站在长江上抒情，就以“大江东去”开篇、起笔。

教师口语最忌讳的是照本宣科，尤其是在网络信息快速发展的当下，单就知识的查询而言，教师的查询能力有可能是弱于学生的。如果教师讲的内容与教材上的相差无几，或是能够轻易在网络上搜索到，就没有必要大讲特讲，因为那是在浪费时间。

那么，教师讲什么呢？讲逻辑，讲推论，讲对比，用文学性的语言引领学生掌握规律，明晰差异，感悟人生，洞察世情。

① 是的，你是不应该得零分，但我实在是找不出比零分更少的分数给你了。

“言之无文，行之不远”，语言有文采，才能令学生记忆深刻。

【请求】请以《日心说》为题进行语文、地理、生物、数学等某一学科方面的讲解，重点在于文学性语言的设计、表述。

（四）艺术性

教师的修养不仅体现在对学科知识的准确把握和正确讲授上，还体现在对语言艺术的运用上。教师应力求使自己的口语表达达到一种艺术化的境界。

教师这一职业需要一些与别的职业不同的特殊能力，其中最重要的是语言表达能力，以及通过语言表达所反映的教师思维的条理性、逻辑性和教师组织教学活动的能力。教学语言要善于激趣，巧于启发，深于传情，工于表达。为了让学生能更好地接受，教师语言必须具有吸引学生的魅力。教师语言的艺术性可从吸引力、穿透力、凝聚力和感染力四个方面入手。

1. 音美以感耳——吸引力

音美主要包括音声、音高、音强、音长四个方面，表现为音声美、语调美和节奏美。有人抱怨自己的嗓音不好听，先天不足，这是因为他片面地认为音美就是音色好。这种观点有偏颇。音美确有天生的因素，如果嗓音条件特别好，确实占了先机。但这种人只是极少数，大多数人在嗓音面前都是平等的，每个人的嗓音都是一件美妙的乐器，关键在于弹奏方法与技巧。声音是需要修饰的，表达是需要技巧的，我们完全可以通过共鸣、语气、节奏等技巧的运用让我们的声音呈现出美感，实现吸引的目的。

2. 意美以感心——穿透力

有理想信念，有道德情操，有扎实学识，有仁爱之心，这是好教师的标准。要达到这一标准仅有“好听”是不够的，还需要“有用”，即教师语言要能够为学生释疑解惑，有醍醐灌顶、久旱逢甘露的功效。教师语言的主要功用是使其所承载的信息能够被学生理解、接受，使学生听师言，明师意。因此，教师需要下大力气在语言的表意上进行构思、雕琢，做到“意美”，只有“意美”才有穿透力，才能使听者动心。教师语言美就美在它的“意”上，这“意”就是教师语言的内核。一堂好课、一门“金课”的核心是学生在学习过程中深刻领会了知识内涵，掌握了技能技巧，增强了自信，开阔了视野。

3. 形美以感目——凝聚力

语言表达的魅力不仅仅在于声音，也在于形象，声音是有“形”的。教师语言的形式感与形象感对学生的影响至关重要。虽然我们都已习惯了“听”课，但实际上我们都是“看”课的，我们在感知教师语言信息的同时，更多地还要感知教师的形体信息，即教师附加在语言信息之上的表情、手势等体态语。

同时，教师语言的“形”还体现在语句的结构上，运用设问、排比、递进等方式增加语言的表现力度。例如，教师询问学生是否理解了刚讲的知识点时，不会简单地问一声：“你们听懂了吗？”而是会用“还有谁不明白吗，不懂就举手，这个知识点很重要。”等并列式的重复性语句，目的就是深度收集学生反馈，鼓励学生真实地表达认知程度。经验少的教师可能简单地问一句就作罢了，而经验丰富的教师通过这种重复性地询问可以有时间观察学生的表情，从而获得更加丰富的反馈信息。

我们敬佩某位教师的教学能够旁征博引、深入浅出、举一反三，实际上这种教学体现的也是教师语言的形式美。由于口语的即逝性，不能长久地让学生感知其意义，因此需要教师对其语言进行加工，赋其形，增加形象感，给学生以多感官、具体化的刺激，否则就会“言之无文，行之不远”。只有形美，才能更好地吸引学生的注意力，增进学生的感知，获得较好的教学效果。

4. 情美以动人——感染力

教师语言必须是富有感情的，它既是激励学生学习的外在条件，使学生投入教学活动中，又是强化教学信息的特殊信号，能强化学生对知识的理解和记忆。我们经常把“教师是人类灵魂的工程师”这句褒奖挂在嘴边，但想要触及灵魂有多难？没有真挚的情感投入，没有丰富的情感经验，没有巧妙的传情技巧是无法实现这一重任的。教师语言既要晓之以理，更要动之以情，以情感的力量感染人、教化人。许多年以后，学生大多会忘记教师所讲的具体内容，但会永远记得那位教师对他们的好！

总之，教师语言应**通俗易懂、风趣幽默、含蓄委婉，雅而不涩、俗而不亵、多而不琐、少而不歧**。

【请求】 你觉得居里夫人会怎么看待荣誉？

一位友人到居里夫人家做客，惊奇地发现她的小女儿正在玩英国皇家学院授予她的金质奖章。友人不解地问居里夫人为什么把荣誉奖章给孩子当玩具玩？居里夫人笑着回答：＿＿＿＿＿＿＿＿　（请补充完整）

二、教师口语发展简史

我国教育历史源远流长，甲骨卜辞中已使用“教”“学”等字，可见早在三千多年前就有了传播知识的教授与学习活动了。我国的学校也出现得很早，传说在五帝时期就有了名为“成均”的学校。到了周朝则产生了“小学”“大学”之类的官办贵族学校，教授礼、乐、射、御、书、数等方面的知识与技能，称为“六艺”。春秋时期，除了官学，私人办学授徒也兴盛起来。这种官学与私学并存的局面一直持续到近现代。由此可以推测，伴随着学校及教育教学活动的展开，教师语言也应运而生，至今已有三千余年的历史。

汉语的规范化大体经历了雅言—官话—国语—普通话这四个阶段。《论语》记载："子所雅言，《诗》、《书》、执礼，皆雅言也。"就是说，孔子在该用雅言的地方都用雅言，不用方言，比如：诵读《诗经》《书经》和执掌礼仪之事，他都用雅言。雅言，是指当时的语音和遣词造句都合乎规范的共同语。孔子有弟子三千人，来自五湖四海，方言隔阂是可想而知的。孔子就用雅言进行教学，才能让学生听得懂、学得会，从而取得"弟子三千，贤者七十二"的优异的教学成绩。

1923 年，国语统一筹备会决定采用北京语言标准。新中国成立以后，全面推广和使用普通话，并在《中华人民共和国宪法》中明确规定："国家推广全国通用的普通话。"

1991 年，国家教委要求各级各类师范院校开设普通话课程。

1993 年，国家教委颁布《师范院校教师口语课程标准》，理论与实践研究蓬勃开展。

三、国强则语兴

一个国家的语言与命运紧密相连。国运强，语言就兴盛；国运衰，语言就衰落。英语原意是"地角语言"，不过是英格兰地区的语言。后来英国强大，成为"日不落"的大英帝国，英语也就从"地角"走向了世界。在第一次世界大战以前，法国曾是欧洲大陆最强大的国家，法语取代了英语，不仅是欧洲的共同语，也是国际的通用语，国际会议几乎都用法语。然而，在两次世界大战中，法国国力消退，特别是第二次世界大战，由于美国的参战和强大，英语又取代了法语。语言同国运休戚相关、兴衰相依。现在，我国的国力日臻强盛，国际威望日益提高，来华留学的人员日益增多，许多国家都专门开设汉语课程，中国话正在走向世界。

还记得那首歌吧：全世界都在学中国话，孔夫子的话越来越国际化，全世界都在讲中国话，我们说的话，让世界都认真听话。

国家强大，人民才有尊严，国富民强，才会有人愿意听我们说话，才会有人相信我们说的话。让我们一起努力，为实现人生理想而提高口语表达能力。

【请求】 把你"日思夜想"的内容有意识地记录整理，日积月累就是一笔宝贵的财富。

四、教师口语的作用

我国历来十分重视语言的交际功能，甚至把语言同江山社稷联系起来，形成“一言兴邦”或“一言倾邦”的结论。

最早的古典教学理论著作《学记》对教师语言有十分精彩的论述：“善歌者，使人继其声；善教者，使人继其志。其言也，约而达，微而臧，罕譬而喻，可谓继志矣。”意思是，善教者的语言应该简要透彻，精致含蓄，善于使用譬喻而使受教者明了事理。这些论述，可以看作是我国教师语言研究的萌芽。

学习教师口语的目的是更好地为教育教学服务，提高教学质量，提升学生的学习效果，优秀的教育者无不重视口语表达技能的训练和提高。

著名教育家于漪说：“语言不是蜜，但可以粘东西。教师语言不是蜜，但可以牢牢粘住学生的注意力，引导他们在知识的海洋中扬帆远航，引导他们追求生活的真谛，奋然前行。”

教育家苏霍姆林斯基认为：“教师语言是什么东西也不可取代的感化学生心灵的一种手段。教育的艺术首先包括说话的艺术——跟人的心灵打交道的艺术。我坚信，学校里酿成大乱子的许多冲突，都含有教师不善于跟学生谈话这个根源。”

大家想想是不是这个道理。

具体而言，教师语言的作用主要体现在以下几个方面。

（一）增强教学效果，提高教学质量

教师主要通过语言来传播科学文化知识，语言表达不同，学生学习的效果也就不同。我国有句俗语——“茶壶装汤圆儿，有货倒不出”。这说明教师口才如果不好，即使自身水平很高，对教学也无济于事。相反，语言表达质量高的教师就能使课堂教学深入浅出、形象生动，让学生容易理解、接受，从而获得较好的教学效果。

1. 良好的口语表达可以帮助教师有效地传授知识

有三位教师对“破釜沉舟”这个成语采取了不同的讲法。

第一位教师：“破釜沉舟”表示坚决的意思。做事一定要坚决，无论做什么，只要是正当的、应该做的事，就必须抱定只许前进、不许后退，只许胜利、不许失败的决心，只有这样才能获得成功。如果前怕狼后怕虎，工作还没有开始就准备了失败的退路，碰到一点困难就向后转，那么一定不会成功。当然，前进的目标必须正确。在这一点上，古人不能跟我们相提并论。由于时代的局限，古人，尤其是统治阶级的人，做事的目的在今天看来很多是有问题的，下决心做好事是应当的，如果

坚决做坏事，那就不应当了。

第二位教师："釜"就是锅，"舟"就是船。"破"和"沉"都是动词。"破釜"就是"使釜破"，也就是把锅砸碎；"沉舟"就是"使舟沉"，也就是把船凿沉。这种用法的动词叫作"使动词"。同是做饭的炊具，古代叫"釜"，现代叫"锅"；同是水上运输工具，古代叫"舟"，现代叫"船"，这是古今词汇的演变。像古代叫"冠（guān）"，现代叫"帽子"，古代叫"履"，现代叫"鞋子"，都是这种情形。曹植《七步诗》里有"豆在釜中泣"的句子，柳宗元《江雪》里有"孤舟蓑笠翁"的句子，这里的"釜"和"舟"与"破釜沉舟"里的意思相同。

第三位教师：项羽渡河进攻秦国的军队，渡河后，把做饭的锅砸碎，把船凿沉，断了自己的退路，以示有进无退的决心，终于把秦军打败了。后来大家就用"破釜沉舟"这个成语表示下最大的决心，不顾任何牺牲。

不同的讲法有优劣高下之别。第一种讲法的教学语言脱离教学内容的实际，架空分析，甚至强行牵扯"时代局限"的内容，这种讲法毫无可取之处。不同的讲法又有教学目的、要求上的差异。第二种讲法扣紧教学内容，注重分析，联系古今，有助于学生理解语言知识。第三种讲法言简意赅，具有概括性，有助于学生运用语言材料。教师应该根据教学的实际需要，设计最恰当的课堂教学语言，以获得最佳的教学效果。

2. 优秀的口语表达能够将教学内容化平实为生动

教师个性化的语言或扬或抑、或轻或重、或疾或徐，在特定的时空中撞击学生的耳膜，这本身就是一种生动。教师的神态、形体动作、板书演示等映入学生的眼帘，这同样是一种生动。"纸上得来终觉浅，绝知此事要躬行"，教师讲解的意义便是引领学生掌握探索知识奥秘的技能技巧。当然，对教师来说，最为重要的生动是语言的生动。教师总是积极调动一切可以利用的语言手段，构造出生动、形象、活泼、风趣的语句，活灵活现地展现在学生面前。

在历史教学中，最不受欢迎的是教师照本宣科。我们不能反复使用固定的套语，而应增强语言的文学色彩。如，在讲秦朝灭亡时，有的教师完全忠实于教科书，一字不易地说："第二年，刘邦率领的起义军攻占咸阳。号称强大的秦朝，终于被推翻了。"教科书这段文字虽然很简练，但并不吸引人。长此下去，学生发现教师所讲的和教科书毫无差别，就会逐渐失去听课的积极性。所以，教师在讲课时应依据教科书的内容，适当加以描述，要有文采。同样是秦朝灭亡，有的教师则是另外一种讲法："公元前206年，刘邦率领的起义军攻入咸阳。继位只有46天的秦王子婴，乘白马素车，脖子上套着丝绳，双手捧着玉玺，在城外躬身迎接，表示投降。至此，陈胜、吴广在大泽乡点燃的革命烽火，终于烧毁了想要万世一系的秦王朝。可见事与愿违，秦王朝不仅没能万世一系，到头来只落得个二世而亡，历史又翻开了新的一页！"这样讲，语言生动、形象，感染力强，既不脱离教科书，又吸引了学生。

生动是教师语言的基本特征之一。生动必须建立在科学性的基础上，教师语言主要靠内容科学、表述准确、逻辑严密取胜。离开了科学性去追求生动，玩弄语言技巧，制造表达噱头，只能博得学生一时之乐，却于传授知识无益，甚至对学生正确认识客观事实产生误导。这是不足取的。

（二）增强说服力，提高教育质量

如何教育学生，使他们形成良好的思想道德品质，树立社会主义核心价值观是一项重要的教育任务。教育效果如何与语言表达的质量有关，与教育、说服学生的方法技巧有关。教师要动之以情、晓之以理，这样学生才会口服心服，否则，不讲究方法技巧，一味地追求“仗理直言”，冷嘲热讽，效果就会适得其反。

古希腊著名演说家德谟克利特指出：“用鼓励和说服的语言来形成一个人的道德，显然比用法律的约束更能成功。”

这些都充分说明恰当的语言表达对学生形成良好的思想道德品质有着重要的影响。

教师在处理学生的问题时，尤其要注意口语表述，表述得当，能够有效地解决学生的问题，获得较好的教育效果，否则就容易造成与学生的对立，问题不但没解决，反而增加了问题的严重性。

【请求】 一位教师为活跃课堂气氛，给学生们出了一个歇后语：孕妇过独木桥。学生们想了半天，一位女生灵机一动猜了出来：铤而（儿）走险。事情进行到这儿都挺好，学生们的积极性已经被调动起来了，但教师的一句“表扬”让“好事儿”变成了“坏事儿”。正当学生们都向该女生投去赞赏的目光时，教师脱口而出夸了一句：“你挺有经验。”话音刚落，学生们哄堂大笑。有反应慢的问其他同学笑什么，听了解释后也爆笑不已。

我们想想该女生当时的表情，得多难堪呀。假定你就是那位老师，快给解释一下，把“坏事儿”再变回“好事儿”吧。

（三）融洽师生关系，创造愉悦的学习环境

学生学习需要一个好的环境，学习环境是教育教学活动的外部条件，师生关系是其中的一个重要因素。师生关系好，学习氛围好，学生的学习兴趣高，学习效率也高。师生关系主要通过语言交流来营造，如果教师言辞谦恭，则师生关系和睦；教师冷言恶语，则学生怕见老师，怕去上学。

作家三毛曾说过她上小学时发生的一件事。有一次她好不容易做对了两道数学题，教师偏不信，说她是抄的，还用墨汁给她画鬼脸，让全校学生看，结果三毛彻底放弃了数学，第二天上学一进教室就晕了过去。恐惧呀，害怕见到教师，吓晕了。

著名诗人海涅曾说："言语之力，大到可以从坟墓唤醒死人，可以把生者活埋。"

三毛就被她的数学教师给"活埋"了。所以，教师应注意自己的语言表达，要培养良好的师生关系，创造良好的学习环境，让学生快乐学习、快乐成长，这样的教育才是好的教育。

为此，教师应多用一些关爱的语言，少用一些挖苦的语言。

一个学生边走路边拍球，迎面开来一辆汽车，他差点儿被车撞了。教师看见了这一幕，在班会上教育他要注意安全："多险啊！连老师都为你捏了把汗。我真怕球场上看不到你矫健的英姿，领奖台上没有你自豪的笑容。难道你忍心同心爱的篮球告别，使美好的理想化为泡影吗？"教师用饱含希望的语言，使学生回忆起过去的幸福时刻，展望未来的光辉前程，从而深刻地体会到安全的重要性。

如果教师换一种说法教育他："你真是活得不耐烦了！什么地方不能打球，偏在公路上打球？你有几条命？把球拿来，以后不准你打球！"这样就达不到教育目的。

还有在放假前进行安全教育的时候，如果教师说："过新年放炮会崩瞎眼、崩坏手，骑自行车会摔断腿、摔破头。谁想试试的话，你只好做'独眼龙'和'铁拐李'了！"

这样的话教育效果甚微。一旦发生事故，受害者将会被对号入座，得到教师早已给准备好的绰号。

所以，想要从事教育工作的同学们，请一定要重视教师的职业化语言特点，以关爱为基础，以育人为目标，以技巧为辅助，实现春风化雨、桃李满园。

【请求】 请将下面的故事补充完整。

一个小男孩站在柜台前目不转睛地盯着一盒饼干看了许久。

老板打趣他说："喂，小家伙，你想要干什么？"

小男孩："没想干什么。"

老板："没想干什么，真的吗？我看你是想趁我不在的时候拿一块饼干吧。"

小男孩："不，先生，你误会我了，我是在想（　　　　　　）。"

老板扑哧一声乐了，被这位机智可爱的小男孩逗得开怀大笑。老板走到柜台边，把那盒饼干拿出来送给了小男孩，还不忘打趣道："小家伙，帮我（　　　　）。”

小男孩兴高采烈地接过饼干，说：“谢谢！（　　　　　　　）。[1]谢谢！”

第二节　教学语言艺术

你的教鞭下有瓦特，你的冷眼里有牛顿，你的讥笑中有爱迪生。

——陶行知

本节我们将了解课堂教学中涉及的一些语言技巧，包括导入语、讲授语、提问语、结束语等，一堂精彩的教学由一个个小模块搭建而成，我们把每一个小模块做好，整体的精彩也就水到渠成了。同时，请同学们注意，这些语言技巧并不局限于教师职业，在其他行业的口语表达中同样适用，比如：做一个产品的推广介绍，同样需要有导入语、讲授语、结束语等。希望同学们通过对教师职业语言技巧的了解，能够善于将其迁移到其他职业的口语表述中，这就是学习的迁移能力。

一、导入语艺术

导入语是一种过渡性的语言，是引导学生进入课堂学习的铺垫性语言，类似一座桥，建构出课下与课上知识间的联系。不单是教学，大多数交流场合都需要有导入语。如果一位教师每节课的开场白都是开门见山式的“同学们好，今天我们学习第四章第一节……”，那么他的课堂教学应该不会幽默风趣。当然，我们不必苛求教师每节课都要有设疑激趣的导入语设计，但若每节课都没有，那还真是个问题。

下面，我们来解决这个问题，先看看导入语有什么作用。

（一）导入语的作用

1. 设疑激趣

这是导入语的核心目标。通过导入语，激发听者的好奇心理、探索欲望，听者迫切希望说者赶快说下去，揭开谜底，回答疑问。

---

① 怎么尽量不拿　尝尝怎么能更好吃　我会尽快把改进意见告诉你的

例如，在历史课的教学中，讲到五代十国时，教师可先朗诵《虞美人·春花秋月何时了》：“春花秋月何时了，往事知多少？小楼昨夜又东风，故国不堪回首月明中……”然后问学生这是谁在怀念故国，“对，那位皇帝文采斐然，却成了亡国之君，今天我们就来了解这段历史。”

2. 温故知新

导入语是一座桥，将新旧知识进行联结，按照建构主义心理学的观点，要让新旧知识形成一定的联系，才能有助于学习者同化或顺应新知识，建构起新知识结构，这样才算学会了。有的学生大四的时候仍然会有什么也没学到的感觉，就是没有建构起知识结构，知识点处于一盘散沙的状态。优秀的教师善于通过导入语帮助学生建立起新旧知识的联结，日积月累建造起一座知识大厦。

3. 创设情境

“学海无涯苦作舟”，强调的是要有毅力，但不能真的让学生像奴隶一样天天做苦力，学习应该是一件快乐的事，知之者不如好之者，好之者不如乐之者。根据讲授的问题，设计导入语，营造一个有助于学生学习的问题情境，创造一种愉悦的学习氛围，对学习有着事半功倍的效果。

【请求】下面这段导入语是在讲哪篇文章？

同学们，前两天一个朋友跟我讲了一段他的遭遇，我说给你们听听。

深夜，在一个偏僻的小巷中，一个大汉堵住我朋友，焦急地问：“这里有警察吗？”我朋友说“没有”。那人又问：“那警察能不能很快赶到？”我朋友说“不能”。随后那人放松下来，掏出一把刀对我朋友说：“那好吧，请把你的手机和钱包给我。”

（听到这儿，你笑了没有？若笑了，说明你懂了。）

学生笑过后，教师会问学生几个问题：

教师：同学们很聪明，听出了这是个笑话，这个笑话的结尾有什么特点呢？

学生：出人意料。

教师：这个笑话的设计反映出坏人的一种什么心理呢？

学生：害怕警察。

教师：会不会有人故意当着警察的面干坏事呢？

学生：没有。

教师：正常情况下是没有的，但无巧不成书，今天我们还真就遇到了一位，他叫苏比，他想方设法地在警察面前干坏事，这是为什么呢？他的结局会怎样呢？会出人意料吗？让我们一探究竟。

（二）导入语的设计原则

1. 言简意赅

导入语只是一个引导，是要为核心内容的讲授服务的，因此在内容设计上必须紧扣主题，不能东拉西扯、离题万里，描述要画龙点睛、字字传神，评论要抓住关键、论述到位，说明要重点突出、清晰明白。另外，在时间安排上不能用时过多，45 分钟的课堂，导入语应控制在 5 分钟以内。

2. 灵活巧妙

导入语要形式多样，切忌千篇一律；要设计巧妙，切忌一目了然；应避免程式化，切忌一成不变的赘述，别还没到正题就已开始“催眠”了。要实现导入语的灵活巧妙，需要我们积累丰富的知识、经验，以及开放的思维模式，初期可以借鉴为主，后期则应力求原创。

3. 设疑激趣

这既是导入语的作用，也是原则，导入语要能起到“点化”的作用，令人醍醐灌顶、恍然大悟。教师可以讲述一个相关的故事，也可以介绍背景、传授心得等。

总之，教师要通过暗示、点拨，引导学生积极思考，而不是急于说出结论，代替学生思考。

（三）导入语的方式

1. 释题式

阐释题目，围绕所讲题目简要说明其意义、内涵、要求、联系等，达到提纲挈领的目的，让学生迅速领悟教学的主要内容，或把握住教学内容的结构、理解的线索。

释题式导入语要充分考虑学生的认知现状，对较难理解的概念、定义要做深入浅出的说明，从建构主义学习理论出发，引导学生联系已掌握的知识、范例，去理解新知识。教师的语言设计应以简洁、精准为核心，语气坚定，语言连贯流畅。

有位教师讲授生物课程《生物的变异》时，导入语是：

前面学习了有关遗传的内容，学习了遗传的基本规律，是一个规律、一个规律地进行研究。学习变异的内容，也要一个类型、一个类型地进行研究。

我们已经知道，遗传和变异是生物的普遍规律，这个规律也是生物界的普遍现象，例如：我们走进校园，就能看到各种各样的植物，大家也能辨别出这是菊花，这是凤仙花，这是太阳花等。生物具有代代相传的稳定性，这就是遗传的现象。但是，在各种各样的植物中，比如：在各种各样的菊花中，拿一种菊花的品种来讲，能不能找到两朵一模一样的呢？你们对比过没有？假如你们对比过了，就一定会发现找不到两朵一模一样的菊花，这种个体之间的差异就是变异。因此，遗传和变异是生物界最普遍的规律。

教师从学生熟知的现象谈起，通俗地解释了什么是“生物变异”，深入浅出，语言亲切，自然能唤起学生探究“生物变异”的兴趣，为开展后续的教学活动创造了良好的氛围。

2. 介绍式

这类导入语可以介绍作者、时代背景、课堂教学的意义和重点难点，可以介绍技能训练的步骤环节，可以介绍相关学术的研究成果，也可以介绍教师的经验、心得。介绍的目的是要激发学生的求知欲，诚其心、聚其神，为顺利完成教学目标创造条件。

“大雪漫天，狂风怒吼，爆竹声声。在现代文学人物画廊里，艰难地走出一位衣衫褴褛、面容憔悴、神色悲哀、白发蓬松、目光呆滞的四十上下的女人。那又瘦又长的左手提着一个装着只破碗的竹篮，干枯的右手拄着一支下端开裂的长竹竿。她，就是祥林嫂——鲁迅著名小说《祝福》中的主人公，一个惨遭封建宗法思想和封建礼教迫害的旧中国农村劳动妇女的典型形象。今天我们就来学习鲁迅先生于 1924 年 3 月 25 日发表在《东方杂志》上的小说——《祝福》。”

这是一位教师讲授《祝福》的导入语，从用词到句式，都显得严谨、周密，具有很强的表现力。可以想见，这种体现书面语色彩的口语使课堂气氛严肃而庄重，在这种气氛中，学生潜移默化地受到了感染，接受了教育。

著名翻译家胡愈之到大学客串讲课时，开场白就是："我姓胡，虽然写过一些书，但都是胡写，出版过不少书，也是胡出，至于翻译的外国书，更是胡翻。"胡愈之在轻松的玩笑中，介绍了自己的成就和职业，十分巧妙而贴切。学生们也很快记住了他，并接受了他的讲课方式。

3. 议论式

教育的终极目标不是考查学生记住了什么，而是追求学生想出了什么，即培养学生的思辨、推理、创新等能力。如果说小学生更喜欢教师的绘声绘色，那么中学生则更钦佩教师的高谈阔论。因为随着知识的积累和心智的成熟，学生更想听教师的富有启迪意义的评议性语言，想听教师对人、事、物的评价，而教师也应更有针对性地引导学生进行评议，要多问几个"你怎么看"。议论式导入语可以剖析某种现象，鞭辟入里，揭示本质；可以入情入理地解答学生思想中的困惑；可以就人们普遍关注的热点话题发表评论，顺势导入新课。富有思辨色彩的导入语，往往以思维深度、见地新颖打破课堂教学的沉闷单调，令学生茅塞顿开、神清气爽。这有助于形成师生相互信任、密切配合的和谐气氛。

4. 悬念式

学生总是做听众，处于被动地位，实在是很无奈的。其实，从学生这方面讲，他们也常常渴望主动去探索奥秘，亲自析疑解难，运用已掌握的知识和技能去操作、制作、创造。教师应当把学生的好奇心、好胜心、渴望成功的心理，视为重要的资源挖掘出来，最大限度地鼓励、引导学生参与课堂教学。设计悬念式导入语，有助于在教学之始，投石激浪，引导学生深入研讨课文，获取真知。

下面是一位教师关于《阿房宫赋》的悬念式导入语。

同学们，今天我们学习第四单元的《阿房宫赋》。在这个单元里，我们学习了魏征的《谏太宗十思疏》，初唐人的襟怀、气度，给我们留下了深刻的印象。读王勃的《滕王阁序》，文中虽有"命途多舛"的感慨，但"不坠青云之志"这样的句子折射出一种大唐气象，令人荡气回肠。安史之乱以后，让我们如此钟情的唐朝，也如西山日落，一天天失去它的朝气。是什么缘故导致它无可奈何地走向衰落呢？诵读、研究晚唐杜牧写的、具有借古讽今特点的《阿房宫赋》，我们能不能明白其中的缘由呢？下面，就请同学们打开书本。

这段带有悬念的导入语，一下子就把学生探究疑难问题的积极性调动起来了，既生动活泼，又不乏思辨深度，教学设计很受学生欢迎。

5. 故事式

一节课从讲故事开始，学生得多有兴趣呀！好故事有感人肺腑的细节，能激发人的情感，其中蕴含的哲理更能启发学生积极思考。

作为导入语的故事，尽管短小，教师仍要花费一些心思，剪裁细节、安排层次、斟酌词语。否则，就有可能把生动的故事讲得索然寡味，彼此都觉得扫兴。

数学课上讲等比数列时，教师可以讲讲舍罕王奖励发明 64 格国际象棋的大臣西萨·班·达依尔的故事。西萨·班·达依尔说给几粒麦子就行，后一格是前一格的一倍，舍罕王欣然同意，于是命人计算麦粒数量，得出 18 446 744 073 079 551 615 粒，约 5 270 亿吨。舍罕王为什么会贸然应允？因为他不懂等比求和。

【请求】把这个故事“添油加醋”地讲一下吧！

以上是有关导入语的一些语言技巧，当然不仅限于此，我们需要根据教学的实际情况，采用更恰当的方式方法吸引学生，引导学生开启学习之旅。

二、讲授语艺术

《礼记·学记》中的这段话大家还记得吧，“善歌者，使人继其声；善教者，使人继其志。其言也，约而达，微而臧，罕譬而喻，可谓继志矣。”这段话深刻地解析了教师语言的作用和要求：善于教学的人，能够启发人心，使学生随着他的意愿来学习，这样的人，言辞简约而通达，含蓄而精微，少用譬喻而使人容易明白，可以说是善于使学生随其志向来学习。“其言也，约而达，微而臧，罕譬而喻”就是对教师讲授语的基本要求。什么是讲授语呢？

（一）什么是讲授语

讲授语也叫阐释语，是教师向学生传授知识和技能时进行叙述并解释的语言。要将全新的知识和学生不明白的问题教授给学生，教师的讲解至关重要，知识传授是必须言传而很难意会的。

课堂讲授时，教师用精确的语言向学生阐释、说明、分析、论证概念和原理，揭示事物的本质特征，从而使学生把握概念和原理的本质属性及基本特征。讲课的好坏，直接反映出教师教学的才能与技艺，也从根本上决定着课堂教学的成功与失败。教师在课堂讲授时，大部分时间运用的是解释说明性的语言，就是解说技能，在此基础上，需要穿插演讲、交谈等技能。

（二）讲授语的原则

课堂是教师的“主战场”，讲授语是教师课堂教学时的主要表达方式，每一堂课都是一次学海泛舟，每一次讲解都需要教师精心设计。总体来说，教师在讲授过程中应遵循以下三条基本原则。

1. 满足学生的求知需求

学生的天职就是学习，学生求知需求的满足是教师首先要解决的，这就决定了教师在课堂上讲授的应是知识，而不是闲话、废话，家长里短、八卦消息是绝不应该在课堂上出现的。

2. 抓住学生的求新意识

求新对于教师来说是个很大的挑战，因为知识更新的速度太快了。一些大学生在毕业后会抱怨“学的都没用”。为什么没用，是不是因为教师讲授的不是最新的知识，传授的不是求新的技能？请同学们一定要记住，不论你们以后是当教师还是从事别的职业，都要避免照本宣科式的讲授，一定要千方百计地满足听者的求知需求。

3. 利用学生的求趣心理

兴趣是最好的老师，趣味性是最好的催化剂，是圆满完成任务的助推器。拿吃饭来讲，当人们不是面临不吃就死的情形时，都是要追求一下吃饭的乐趣的，不是饭菜熟了就行，而是要讲究色、香、味、形、意。把核桃仁塞到大枣里买的人就多，价钱高点也不在乎，很多人都是买了送人，收到的人看到包装都会笑逐颜开，因为包装上印的字是“枣想核你在一起”。多么美妙的喻义，人们吃的不是核桃和大枣，人们吃的是感情，是文化。

课堂教学也是这个道理，要有趣味性，没有哪个学生能受得了教师老和尚念经式的讲授。

（三）讲授语的要求

一节课让学生感到充实、受启发、有收获，是快乐而不是负担，这是教师的责任与荣耀。因此，每一位教师都应注重讲授的艺术。一堂课要讲得好，受多方面因素的影响，基本要求是教师的阐述要规范、清晰、准确、流畅，在此基础上，若能做到通俗、生动、思辨就更好了。

具体来说，教师的讲授语应达到以下几方面的要求。

1. 语言简洁，个性突出

为了高效地实现传递教学信息的任务，讲授语必须认真组织、提炼、推敲，做到简洁准确、条理清晰、系统完整。否则，散乱堆砌的语言不仅使学生不得要领，也浪费教学时间。

2. 设疑激趣，富有启发

外因通过内因发挥作用，学生是学习的主体。教师的讲授应以激发学生的学习兴趣、启发学生思考为主旨，反对注入式地死记硬背，要授之以渔，而不是授之以鱼。

一位教师讲解“简易方程”，这样开始讲授：“同学们，我来给大家表演一个读心术。你们每人在心里想好一个数，加上2，乘以3，减去5，再减去原来的那个数，现在只要你把最后的得数告诉我，我就能立刻知道你心里想的数是多少。”有个学生说：“我最后的得数是15。”教师立刻说：“你心里想的数是7。”哇，学生们群情激奋，学习兴趣爆棚。

【请求】 你知道这个简易方程吧，请列出来。

3. 科学准确，真实可信

学高为师，课堂神圣，教师的讲授语可不是闲话家常，虽不是字字珠玑，但必须是言之凿凿，讲授内容要科学真实。如果教师在课堂上讲的是伪科学、假知识，那在实践中会坑死人的。往小了说，教师外语发音不准，那学生说的也不会准，工作了就没法跟外国人正常交流；往大了说，会给社会经济造成巨大损失。所以，教师的讲授语一定要科学准确，真实可信，一方面是知识、技能本身的准确，另一方面是讲授方式、方法的准确，二者必须兼顾。

4. 激情满怀，情理交融

热爱是最好的老师。只有热爱教书育人，才能激情满怀，只有激情满怀，才能熏陶感染学生。情感是无声的语言，它凝结着教师对教育事业的热爱。学生的目光是最客观的评判，有多少双眼睛注视着教师，便说明教师的讲授获得了多少份认可。

5. 时间巧配，难度巧定

时间就是生命，时间就是效益。每节课的时间是有限的，教师要用有限的时间去做无限的启迪，启迪心智，放飞梦想。教师讲授时要把握好教学内容的广度和深度，合理安排时间，着重解决难点、重点。有的教师讲课风趣幽默，奇闻趣事穿插其中，学生听得轻松快乐，但就怕舍本逐末，弱化了学科知识的讲授，度的把握一定要合理。

6. 形象直观，生动有趣

形象、生动是讲授语的基本要求，教师要注意用生动的语言、形象的教具、多样的教学手段、科学的教学方法等来展示教学内容，使教学内容更为具体化、形象化，也使学生在听课时有如临其境、如见其人、如闻其声的真切感受，从而激发学生的兴趣，启发学生的思维，提高学习效率。

（四）教师应具备的讲授能力

教师被誉为太阳底下最神圣的职业、人类灵魂的工程师，这不仅仅是赞美，更是一种希望，希望教师能够完成传授知识、培训技能、净化心灵的社会责任。这一责任的践行，不是轻而易举的，而是要经过年深月久的磨炼。

教师要具备以下几方面的讲授能力。

1. 说明能力：准确明白，逻辑清晰

讲授语要简洁通俗、晓畅易懂。一节课 45 分钟，时间紧任务重，教师要切忌赘述。

例如，我们在第一节中介绍了几位教师对“破釜沉舟”的讲解，第一位是牵强附会，第二位是旁征博引，第三位是言简意赅。第一位教师误人子弟，后两位教师各有千秋，两人都做到了准备充分，逻辑清晰。

教师讲解时要做到简洁明了，这是由课堂这个特定的场合决定的。一堂课一般为 45 分钟，教师用来讲解的时间并不算充裕，在有限的时间内要把相关内容解说明白，使学生理解、接受，自然不能拖泥带水。再者，教师的讲解是以语言为中介的，学生对声音的瞬时记忆效果很差，如果讲解冗长，等教师讲解结束了，学生有可能会听了后边的忘了前边的，反而不容易明白教师的讲解。另外，学生集中注意听讲的时间也不会太长。即使是一位优秀的教师，要在教学中做到吸引学生专心听讲 1 小时，那也是很困难的。

2. 吸引能力：目不转睛，兴趣盎然

学生是主体，教师是主导，教师不是“填鸭”者，而是引领者，引领学生主动探询、主动获取。我们经常在课堂教学中听到教师提醒学生：“别溜号，跟着老师的思路走。”这是一种强制性的引导，而更理想的是让学生兴趣盎然、自然而然地追随着教师的讲解思路。

教师的讲授应该做到深入浅出、通俗易懂，充分利用学生熟悉的事物举例子、打比方，将抽象的名词术语与现实生活中的通俗词汇相结合，让学生轻松地理解所学的内容，使他们把主要精力投入到理解教师讲解的内容中去。例如，讲解“错觉”的概念，一位教师解说为：“错觉是对客观事物的不正确的知觉，是在客观事物刺激下产生的一种主观歪曲的知觉。错觉可能是由生理的、心理的原因引起的。”这一段作为定义让学生背诵、掌握是可以的，但作为讲解则不适合；另一位教师解说为：“我们有这样的经验，坐在奔驰的公共汽车里往外看路边的树，觉得是树在飞快地往后跑，这就是一种错觉。”因为学生大多有过类似的经历，听了教师的讲解，结合自己的经验，对“错觉”就容易理解了。

学生能够听懂，才会被教师的讲解所吸引。

这种技能一方面需要在内容选取、结构设计上下功夫，另一方面需要教师在重音、停顿、语调、语速等表达技巧上下功夫。歌词好、旋律好，唱得不好也是没人愿意听的。

3. 说服能力：心悦诚服，知行合一

按照认知心理学的观点，人们对新知识的理解不是欣然接受的，需要有一个同化或顺应的过程。有时，我们嗔怪别人：怎么就不懂呢？很好理解呀。其实不然，我们已经懂了，所以不难，别人刚刚学，所以很难懂。就像我们都知道 3 乘以 3 等于 9，8 乘以 8 等于 64，可是如果你让一年级的学生去理解，就很难。

教学内容较为抽象、不容易讲清楚时，教师不妨打个比方，这样学生可以通过想象和联想来自觉补充教师的讲解，这就可以使问题变得容易解决。像讲解“矛盾的主要方面”这个问题，只说“客观事物的矛盾双方，有主要和次要之分，它们的地位和作用是不一样的。我们把其中处于支配地位、起着主导作用的一方，叫作矛盾的主要方面”，这是不够的，有些学生听了这样纯理论的讲解甚至会感到深奥艰涩，不好理解。此时教师可以打个比方：一个苹果上烂了豆粒大一块，这个苹果还不应称为烂苹果，仍能出售；如果烂掉了一大半，就是烂苹果了。当烂掉豆粒大一块时，“烂”不是苹果的主要特征，在“好”与“烂”这一对矛盾中，它占劣势；而烂掉一大半时，“烂”便成了矛盾的主要方面了。

4. 感人能力：情感互动，震撼心灵

“子曰：知之者不如好之者，好之者不如乐之者”，这句话强调的是兴趣的重要性。兴趣是一种情感、一种精神状态，其对行为的影响非常大。在学习目标的划分中，人们将情感目标与知识目标、技能目标并列划分，足见其重要性。课堂教学的目标一方面是让学生产生乐学的兴趣，另一方面是让学生形成一种积极的情感。

一位教师讲到《辛丑条约》时，设计了这样的教学语言：

“《辛丑条约》的赔款本利共九亿八千万两白银，用每节装五十吨货物的火车来装，连接起来有十六华里长，而这仅仅是帝国主义掠夺中国财富中的一笔。”

学生听后说：“中国就是一座宝山，也经不起帝国主义这样搬啊。”

教师结合教学内容讲述造成旧中国贫穷落后的原因，语言生动、富有情感，学生听后，心灵受到震撼，爱国之情油然而生。师生之间的情感互动有效地激发了学生“为中华之崛起而读书”的豪情壮志。

5. 创造能力：启迪心智，创新思维

“创新是一个民族进步的灵魂，是一个国家兴旺发达的不竭动力”，创新从何而来？从教师而来。教学的最终目的不是让学生背诵多少知识，而是要用知识解决实际问题。现实问题是千变万化的，学生在知识的海洋中获取的钥匙不会总是与现实的问题之锁严丝合缝，很多时候都需要学生根据实际情况对钥匙进行改造，甚至造出一把把全新的钥匙，这就是创新，这样才能进步，才能飞速发展。

有个学生回忆起第一堂大学物理课的情景：教师在黑板上画了一棵树，说树根是牛顿，树干是爱因斯坦，这个树杈是某某某，那个树杈是某某某，教师在哪儿呢？然后他指着一个枝杈说：“这就是我。”他又问学生：“你们会在哪儿呢？”这对学生的震撼非常大，一是这种讲授的方式很有创新性，二是对学生创新思维的培养很有帮助。

6. 控制能力：控制后果，慎言巧言

课堂神圣并非虚言，少则几十人，多则上百人听教师一人讲解，教师的一言一行都应妥当。教师不仅仅是一个职业，更是一项事业，教书育人，功在当代，利在千秋。课堂教学中的语言虽不至于字斟句酌，亦需精心设计、巧妙安排。教师应该具有较好的控制能力，一方面要控制自己，不说与教学内容无关的或伤害学生自尊的话；另一方面也要控制学生，在提问、讨论环节中要合理控制学生的发言时间及内容，对于个别偏激的言辞教师要善于引导、制止，避免造成负面影响。

三、提问语艺术

提问是教师经常用到的方式，有课前提问，回顾上节课的知识点；有课中提问，了解学生对知识的掌握程度；有课后总结提问，帮助学生梳理本节课的知识点。有的人可能会认为提问很简单，其实不然，提问需要很好的技巧，不然就会流于形式。

（一）课堂提问的问题类型

1. 判断性问题

教师会用“对不对”“是不是”的问话方式，学生只需做简单的判断性回答，属于没有思考价值的低层次提问，不宜单独提问学生。

2. 叙述性问题

教师会用“是什么”“怎么样”的问话方式要求学生做出叙述性回答，能够让学生有效巩固学过的知识，有助于培养学生的归纳能力。

3. 阐述性问题

教师会用“为什么”的问话方式要求学生阐述原理，有助于培养学生的分析、推理能力。

4. 创新性问题

教师会用“此外，还有什么不同的想法”的问话方式，引导学生发散性思考，有助于培养学生的创新思维。

（二）提问语的基本要求

1. 简单明确

提问是教师向学生下达的解说性任务，必须简单明确，便于学生快速理解任务要求。

例如，一位小学教师讲朱自清的散文《春》，其中有对春天的山、水的描述，为了让学生理解春天河水会涨的现象，他问学生：“春天的河水会怎样？”学生怎么回答呢？懵了，不知道教师想让他们说什么。

教师没有铺垫好语境，所提的问题具有多方向的歧义性，学生的回答就会千奇百怪，不是教师想要的答案。

2. 梯度合理

提问是引导学生思考的过程，问题设计要遵循由易到难、由表及里的原则，通过问题的梯度设计，引导学生最终领悟问题的本质。

比如，某教师讲《变色龙》一课，教师提问奥楚蔑洛夫的基本性格是什么？

学生回答：“善变。”

教师接着问：“善变的明显特点是什么？”

学生回答：“一是变得快，一瞬间对狗的态度变了 5 次；二是变得蠢，愚蠢的理由和荒唐的逻辑。”

教师接着问：“奥楚蔑洛夫‘善变’，但万变不离其宗，这‘宗’是什么呢？”

学生回答：“见风使舵，趋炎附势，媚上欺下的奴才本质。”

最后，教师问什么因素促使“变色龙”一变再变？作者为什么要塑造“变色龙”这一形象？经过短暂讨论，学生回答：“左右奥楚蔑洛夫反复无常的因素是将军的威势。作者讽刺的锋芒指向卑劣的‘变色龙’，也指向造成这种社会病态的根源——沙皇专制的反动统治。”这种提问，由浅入深，由易到难，有利于培养学生的逻辑思维能力。

3. 启发性强

提问是互动的体现，是为了充分发挥学生作为学习主体的能动性与创造性，通过质疑的方式激发学生的思考动机，主动探求问题答案，实现创新思维与创新能力的发展。课堂提问需要有很好的逻辑设计，层层诱导、步步推进。

比如，某教师讲《将相和》时，问学生：“和是什么意思？”

学生回答：“和好。”

教师又问：“这说明他们曾经有过不和，对吗？”

学生回答：“对。”

教师再问："为什么他们不和？为什么后来又和好了呢？"

寥寥数语，把学生的思维积极性一下子给调动起来了。

相反，如果问题提得不好，就无法使学生的思维跟着教师转。

比如，某教师在讲"平行线"时，希望学生借助教室的天花板进行实物讲解，问学生："你头上是什么？"

学生回答："发卡。"

教师又问："你发卡上面是什么？"

学生回答："帽子。"

教师再问："你帽子上面是什么？"

学生想了想，答道："商标。"

显然，这种提问毫无启发可言。

4. 不吝美言

教师要注意保护学生回答问题的积极性。对学生的回答，教师要多肯定、少否定，多表扬、少批评，不能有任何看不起的表现，更不能妄加否定和讽刺，对有创造性的见解，要给予赞扬和鼓励。

比如，某教师在讲了《狐假虎威》之后，问学生："这则寓言故事告诉我们什么？"

大多数学生都答道："狐狸太狡猾，老虎不该上它的当。"

学生李强站起来发表了与众不同的见解，他说："我说狐狸很聪明，它面对凶恶强大的老虎毫不畏惧，开动脑筋，利用老虎的弱点，保护了自己。"

教师听后摇摇头，说："大家说得对，狐狸是坏蛋的形象，狡猾无比，老虎就上了它的当，我们可别上当。李强奇谈怪论，该不是上了狐狸的当吧。"

教师的一席话说得李强面红耳赤、无地自容。其实李强从另一角度提出了与众不同的看法，言之有理，创新可喜，教师应充分肯定、褒奖才是。

（三）提问语的表达技巧

1. 把握提问时机

在什么时候提出什么问题，教师要心里有数，务使问题提在认知的关键处、理解知识的疑难处、思考问题的矛盾处。当学生有了冲动，急于解决问题时，也就意味着他们进行了思维训练，对教师讲授内容的理解也就水到渠成了。

例如，《再别康桥》这篇课文，在学生学习了主要内容后，教师可以这样设问："请同学们找出本文哪一点最能打动自己？为什么？"或者问："你认为哪些地方写得好，试着背下来。"教师的问题把学生的学习活动引向深入，学生进一步思考、合作探究，欣赏了精彩片段，进一步赏析了细节描写，深入理解了课文内容，同时完成了课后要求背诵的内容。

有关顺序的确定和时机的把握要从知识规律出发，要能体现学生获取知识的全过程。教师要问到点子上，问在要害处，问得恰到好处。发问之后，教师要给学生充分的思考时间，让全班学生都思考后，再找学生回答。否则，提问就会失去应有的作用。难度较大的问题给学生的思考时间长一些，反之则短一些，要视具体情况而定。一般来说，提问之后，教师要以期待的目光注视全班学生，观察学生的面部表情，待大部分学生脸上出现了自信的神色时，提问的时机就成熟了。提问时间的把握还要看学生回答的具体情况。学生回答得正确、全面，留给学生思考的时间就短一些，反之，则长一些。教师在适当的等待时，可以问："还有谁有不同的意见，需要补充?"以激励学生进一步思考，切忌简单地否定。

2. 注意提问的语言表达方式

教师的提问要讲究语言艺术。一般来说，用委婉商量的语气提问，要比板着面孔提问，更能拉近师生间的心理距离，调动学生回答问题的积极性。教师的语言要亲切、幽默、风趣，才能激起学生的学习兴趣。因此，教师应提高自己的语言表达能力，提问的态度要和蔼，语言要亲切，方可产生较好的效果。当然，教师的心情直接影响着学生，当教师在生活中遇到不快乐的事时，应注意调节自己，要带着良好的心情进入课堂，把一切烦恼抛之云外，才能真正融入学生之间，拉近师生间的距离。

3. 重提问技巧的运用

提问要有的放矢。课堂教学的"靶心"主要有二，一是重点，二是难点。

提问要"四两拨千斤"。成功的课堂问题设计，能通过"一斑"而引出"全豹"，"一斑"可以看作是整堂课的精华。

提问要"善变"。利用教材中的变与不变，设计出科学有效的问题，符合学生的认知规律，大大提高课堂教学的效率，引导学生由表及里地认识事物。

提问要"投石"。有经验的教师常会提出一些出人意料的问题，平中见奇，一石激起千层浪。"投石"是排除学生学习过程中容易出现的"满足感"的一种有效方法，使学生产生一种"原来我并没有全懂"的心理体验，在课堂上形成一种不断深入探求的心理流向。

提问要"牵牛鼻"。不同年龄段的学生有不同的心理特点，因此，"牵牛鼻"就必须有针对性。教师可以经常设置一些富有启发性、创造性的问题，牵动学生思考这一"牛鼻"，这样既可以增加学生的思维深度，又可以发展其思辨能力。

(四) 培养学生提问的能力

陶行知认为：要解放学生的大脑，让他们敢想；要解放学生的嘴巴，让他们敢问。教师鼓励学生提问，就是引导学生在思考、质疑、交流的过程中主动获取知识。创新人才培养的重要目标就是培养学生的问题意识、解决问题的能力和创新的勇气。

1. 创设氛围，培养学生敢问

氛围很重要，其乐融融的课堂氛围能够促使学生自由思考、畅所欲言。有的模式化的管理制约了学生创新思维的发展。小学生正襟危坐，想说话必须先举手，教师同意后才能站起来说，要是教师看不到，学生头脑中闪现的智慧火花可能很快就熄灭了。所以到了大学后，我们会发现，几乎没有学生愿意发言。同学们以后如果当了教师，请一定要找到一种好的模式，创设好的氛围，既让学生懂规矩、守纪律，又能勤思考、敢发言。

2. 创设情境，培养学生巧问

在课堂教学中，教师要善于创设问题情境，激发学生去探索、猜想、发现，让学生在解决问题中学习，使学生的学习构成一个提出问题、解决问题的过程。教师要设计一些探索性和开放性的问题，为学生积极思考创设丰富的问题情境，让学生在主动参与中得到发展。

3. 及时评述，引导学生解问

学生提出好问题时，教师要及时进行赞赏性的评价，使学生体验到被表扬的快乐，好学生是夸出来的。同时，教师要用启发性的语言，引导学生逐步探索出解决问题的方式方法，使其体验到成功的喜悦。

四、评价语艺术

评价语在培训行业中应用较多，知识、技能培训的过程贯穿着师父对徒弟的评价，学得好，师父表扬，做错了，师父批评。考过驾照的人可能会有这样的印象：驾校的师傅太凶了，训人太猛了。因此，我特别鼓励我的学生去考驾照，一是学一门手艺，二是去了驾校学习的学生回来后对我特别亲切，我在课堂上批评他们不按时完成作业时，他们都笑着说：“老师，您太慈祥了。”

评价语是师生互动的载体，是加深理解、更正错误、营造氛围、助力学习的教学语言类型。

（一）课堂评价的策略

针对不同学生的认知基础、学习状态、性格特征，教师应注意采取多元激励的策略。

1. 激励性评价

激励性评价指的是在教学过程中，教师通过语言、情感和恰当的教学方式，不失时机地从不同的角度给不同层次的学生以充分的肯定、鼓励和赞扬，使学生在心理上获得自新、自信和成功的体验，激发学生的学习动机，诱发其学习兴趣，进而使学生积极主动学习的一种策略。

2. 发展性评价

教师运用欣赏、期待、赞许、引导等手段，引导学生挖掘自己隐藏的优点，并用恰当的语言进行“优点放大”，让被评价的学生认可教师的评语，确信自己真的存在如教师所说的优点，产生心理认同，形成行为趋向。

3. 批评性评价

教师运用批评的方式对骄傲自满、具有一定心理承受能力的学生进行激励，使其清楚地意识到自身存在的不足，并对其提出针对性的改进建议，避免其因一味表扬而盲目自信。

（二）课堂评价方式

课堂评价主要有五种方式：教师的口头评价、文字评价、表情评价、动作评价与学生互评等。

1. 口头评价

这是最直接、有效的评价方式，遗憾的是许多教师并不擅长或并不乐于运用。有的教师在提问学生后，只是简单地说声：“好，坐下。”请注意，他连“请”都不舍得说，太“节俭”了。当学生回答问题后，教师最起码要说声：“好，请坐下。”这是课堂礼节。

但如果每个学生在回答问题后，教师都说一句：“好，请坐下。”那么，评价语的激励作用是无从体现的，学生能力的发展更无从谈起。在上一小节的《提问语艺术》讲解中，我们说到学生回答完问题，教师要给予及时的评价。评价的第一句是祝贺，第二句开始则应是解读祝贺的理由，即说出学生为什么回答得好，由教师假借学生之名对答案进行更全面、更深入地解答，这样才能加深学生对问题的理解，回答问题的学生也会心悦诚服地认同教师的祝贺，欣然跟随教师的讲解思路继续求知。

课堂教学千变万化，好的评价语不仅能对认真听课的学生起到激励的作用，对淘气的学生也能起到规劝激励的作用。

在一次生物课上，教师刚引导学生开始学习《爬行动物——蜥蜴》，后排有个学生就怪叫一声，使全班哄堂大笑。继而，全班学生紧张得一声不响，看着教师，怪叫的学生也有点后怕，等待着教师的批评。教师考虑到该学生刚从山区学校转来，便平静地提出该学生容易回答的问题。

师：你知道蜥蜴生活在什么地方吗？

生：（一愣，遂答）山坡、树林、房屋附近都有。

师：关于蜥蜴你还知道哪些？

生：它的尾巴会断。

师：蜥蜴为什么易断尾而不易断脚或断头呢？

生：（摇头）

师：这位同学不仅知道蜥蜴生活的环境，而且还知道它有断尾现象，说明他平时注意观察动物，这是值得大家学习的。这一课，我们不仅要知道蜥蜴的生活环境，而且还要解释它断尾的意义，断尾为什么能动等有趣的生物现象，还要学习……

至此，教师不仅调和了刚才紧张的气氛，而且成功地导入了教学。这一节课那位怪叫的学生听得很用心，课后教师没找他，他却主动来找教师询问了一些生物小常识。教师因势利导地就上课的事与他谈了话，从此他再也没有出现过上课违纪的现象。

教师利用提问，对淘气的学生进行评价、表扬，化解了一场师生冲突，挽救了一个“小淘气”，培育了一名好学生。

2. 表情评价

没有学生愿意听一个老和尚念经式的教师讲课，也没有学生愿意看一个面无表情的教师讲课，哪怕他貌胜潘安、美如西施。尤其是学生回答了问题，教师一脸平淡地说了句：“嗯，坐下。”学生的心情会怎么样呢？是不是凉凉的。表情是一门艺术，有些人热衷于观赏，却忘记了自己也是艺术工作者，也需要为他人呈献表情的艺术。请同学们一定要掌握一些表情的艺术，为他人的精彩回答给予会心的微笑、热情的赞赏。

3. 动作评价

竖一下大拇指、微微点一下头、拍两下手掌，这是最由衷的赞赏，是最暖人的评价。不论是在课堂，还是在广场，这都是最容易表达的评价语言。对于教师而言，务必要在课堂教学中对学生的回答给予及时的回复和积极的动作评价，这是对学生最好的关爱。

还有文字评价、学生互评，也都是评价的重要方式，请大家认真体会，多多实践。

教师一句真诚的鼓励、一个慈祥的笑脸、一个赞赏的目光、一个肯定的大拇指、一段激励性的书面评语，都可能在学生身上发挥神奇的作用。教师在课堂教学中，要时刻留意学生的表现，及时给予适当的评价，以巩固学生或许是“偶然”出现的良好表现。

（三）课堂评价内容

课堂评价的内容包括学生出勤情况、课前演讲情况、课堂提问情况、课堂练习完成情况、课堂学习的主动情况、听课注意力情况、课堂上帮助同学情况、课外作业完成情况、考试成绩进退情况等。

特别需要强调的是，在上述课堂评价内容中，后进学生在课堂中出现的“闪光点”应成为教师课堂评价的重要内容。教师可以在课堂教学中，有意识地为这些学生提供课堂表现的机会、体验成功的机会，哪怕是事先设计好的也未尝不可。

课堂是师生共同的舞台，教师不知道学生会不会提出一些稀奇古怪的问题，而在不可预知的情况下，教师正确对待学生所提出的问题，积极地评价，往往会让学生难以忘怀，对形成和谐的师生关系、创设良好的课堂氛围、培养学生的创造力有着十分重要的作用。

五、结束语艺术

同学们好！有关课堂教学中经常用到的几种表达方式，如：导入语、讲授语、提问语、评价语的运用技巧大家都掌握得很好。希望同学们能够借助语言的魅力开拓出一片成功的天地，祝福你们“长风破浪会有时，直挂云帆济沧海”。本节课到此结束，同学们，扬帆起航吧！

这是课堂教学中的结束语，是课堂教学最后阶段的点睛之笔。俗话说：编筐编篓，全在收口。口没收好，前功尽弃。课堂教学，乃至其他场合，我们都要重视“收口”的问题。

课堂教学结束前，教师要把相关的知识、经验、方法梳理一遍，把各方面知识的内在联系凸显出来，使之成为一个整体，以便学生能准确把握。如果课堂内练习安排得比较多，教师应根据实际情况，在紧要处点拨一下，因为教师的独到心得和操作经验可以帮助学生掌握练习的要领。

举一个生活中的例子。你和一个人交谈，谈的过程其乐融融，快结束时你这样说：“哎呀，不好意思，我还有别的事，今天就聊到这儿，改天再约啊，再见。”还有一种：“你说咱们可真是有些日子没见了，哎呀，我还有事得走了，也不知道下次见面是什么时候，不行来不及了，唉，我刚才跟你说的你可得放在心上，你可是我最好的朋友，我走了。”

这是两种典型的非常不好的结束方式，第一种结束得太匆忙，第二种结束得太拖沓。课堂教学中的结束语要避免出现这两种情况。

（一）结束语的注意事项

1. 力避匆忙收场

课堂教学匆忙收场，可能有两种情况。

一是课前没有计划，教案中原本就没有设计结束语，下课前仅能草草地布置一下作业，甚或简单地宣布下课，就收场了。

二是课前做了安排，郑重其事地设计了结束语，但教学节奏没有把握好，在某些环节上耗时过多，临下课，只好放弃结束语，匆忙结束教学。

这两种情形实际都源于一个共同的心理，那就是对结束语重视不够，以为结束语是可有可无的话，甚至是多余的话。

课堂教学匆忙收场是教师应该避免的。如果学生习惯了教师这种虎头蛇尾式的教学安排，那么，没等教师宣布下课，他们可能就会产生倦怠情绪，过早地感到注意力再难集中，热情再难唤起。学生知识结构的“篓”没能扎紧、收好，之前学习的那些知识点便处于一种散乱的状态，学习效率不高。

2. 力避拖沓松散

拖沓松散的问题很少发生，教师的职业决定了他在掌握、运用语言艺术方面具有较好的能力。没有几个教师会把课堂教学当作茶余饭后的闲聊，絮絮叨叨。

结束语拖沓松散的原因是多方面的，有的与教师个人风格有关，说话重复已成习惯，想到哪儿说到哪儿，抓不住重点，只好用大量语言去表达一个简单的意思；有的是教学计划安排欠周密，教学经验不够丰富，不善于控制教学节奏。

教师要恰当地设计结束语，不仅要提升语言艺术，做到言简意赅，还应转变教学观念，把应属于学生的时间还给学生，这样才能使结束语不长不短，恰到好处，留有余韵。

（二）结束语的种类

1. 归纳式

课堂教学最后阶段的归纳，有三层含义：

一是指教师分别把讲析、训练的知识要点进行汇总，提纲挈领地回顾一遍，以便学生把掌握的知识梳理成一个互相关联的整体，可以消化理解、长久记忆。

二是指教师引导学生把接触到的问题分门别类地加以整理，从个例中抽象出“类”的特点，找出一类事物的共同本质或内在规律，帮助学生做到触类旁通、举一反三。

三是指教师在帮助学生进行总结时，明确区分不同的类，以免学生犯“张冠李戴”的错误。

2. 点拨式

在课堂教学中，学生参与程度高，练习的时间长，通常就需要教师根据实际情况，做必要的点拨，帮助学生对学习、训练的重点认识到位，对主要技能的掌握达到预期的标准。如果学生对学习难点掌握得不够好，教师还有必要引导学生运用已掌握的知识和方法化难为易，最终突破难点。

结束语中的点拨也可以撇开学习的重点、难点，侧重进行方法方面的指导。一般来说，教师在知识储备、学习方法等方面都具有优势。教师在学习方法上点拨学生一下，必能受到学生的欢迎。

3. 激情式

结束语抒发感情，就像一部奏鸣曲的最后部分，要形成全曲的高潮，给听众留下深刻印象。

激情式结束语，措辞要有分寸感，既优美又实在，如果“言”胜于“质”，形式脱离了内容，激情溢出理性的堤坝之外，就会给学生留下夸大其词的感觉，削弱了结束语应有的效果。另外，教师固然要懂得用美好的情感去激励学生，但在教学的每个环节里，教师都要准确把握学生的心理状态，保持师生心理变化的平衡与共振。如果缺乏一定的情境，硬要安排激情式结束语，就可能变为教师自说自话，徒具形式而没有效果。

从教师的职业来看，尽管执教者风格各异，但诚恳、庄重、和谐、含蓄、分寸感强还应该是共同特征。基于此，我们在设计激情式结束语时，应以朴实的语言为主，少用华丽的辞藻。学生年级越高，激情式结束语越应有所控制，否则，学生会把教师看成演员，而不是具有思想深度的学者。

在《孔乙己》的教学将要结束时，教师问学生："孔乙己有脚吗？"学生回答："有啊！"教师又问："他在离开'我'的时候，是用脚走开的吗？"学生肃然回答："用手。"教师就势总结："课讲完了，孔乙己也离我们而去了，他走了，是用脚走开的吗？不，是用手！孔乙己这个备受凌辱、尝尽人间酸甜苦辣的读书人，这个善良忠厚、迂腐困窘的读书人，由于被打致残，频遭冷遇，只好用一双手走了，悲凄地、艰难地走了，走出了读者的视线，走出了生活的舞台。"这种饱含深情的语言多么震颤人心，又多么令人警醒，孔乙己这个形象也将烙在学生的记忆里。

4. 预告式

预告式结束语并不意味着三言两语地布置练习、预习，教师最好还要说明前后两次教学之间的联系，说明预习准备的意义，提示学生从哪些方面着手准备下一次的学习，需要哪些资料。

以预告式结束语来结束课堂教学，教师出语要从容不迫、疾徐得当，语气声调应高低相宜，给学生的印象应是入情入理，有权威性，但又不是强人所难。实事求是地说，预告式结束语再出言诚恳，还是在某种程度上干预了学生的课余活动。既然如此，教师就应简要地说明这种安排的必要性。如果教师举止匆忙，流露出拔腿要走但又不得不交代几句的意思，甚至人已离开了课堂中心——讲台，只在门口布置作业，那将很难让学生重视教师的预告，部分学生可能会充耳不闻，拒绝配合。

我们看下面这个例子。

师：同学们，研究昆虫是一件很有意义又很有趣的事情。世界上有许多人在研究昆虫。知道提出进化论的达尔文吧，还有写了《昆虫记》的法布尔，学校图书室里有好多描述他们怎样研究昆虫的书，还有一些书描述的是和你们一般大的学生研究昆虫的故事，还有很多昆虫的图片、标本，你们有兴趣可以去借阅。你们可以办一个昆虫展览，下节课我们要开一个昆虫研究座谈会，请大家谈谈看过这些书、图片、标本后的感受，以及学到的知识。亲爱的"科学家们"，下节课再见。

教师以课堂教学内容为基础，拓展至课外，引导学生进行科学研究和探索，鼓励学生开展科学实验，培养学生的科研精神、研究能力与实践能力，实现教书育人的目的。

5. 练习式

练习式结束语和预告式结束语有相似之处，教师都在某种程度上，给学生布置了活动任务。学生有权了解某项活动的必要性和价值，教师也要运用教育艺术来达到教学的目的，用“情与理”去激活学生内心的驱动力，唤醒学生潜在的研究热情。

练习式结束语的设计看似简单，实际并非如此，教师应尽可能简明扼要地阐述练习的目的、意义，勉励学生知难而进，体验学习的甘苦，把教材中“死”的知识转化为自己“活”的能力。同时，教师可依据对学生情况的调查了解，批评抄袭、敷衍、一味依赖参考书的做法，以规范学生的练习行为。

我们来看下面这位教师是如何利用练习式结束语布置作业的。

师：学完了这一课，给我们印象最深的是什么？

生1：给我印象最深的是小艇在威尼斯的作用竟这么大。

生2：给我印象最深的是本文的描写既有作者直接看到的，又有作者联想的，使文章内容更丰富、生动。

生3：学习了这一课，使我懂得了联想要合理，不能乱想，过去我在写作文时就有乱想的毛病。

师：大家谈得都很好。既写实在的事物，又进行联想的写法是本文的学习重点。回家后请大家认真完成课后有关这方面的作业，请大家把全文中写实在的事物和作者联想的部分分别摘录下来，并想想这样写有什么作用。好，下课，同学们再见。

教师不直接总结，而是先提出问题，根据学生的回答把学生的思路引导到课文的重点上来，顺势布置作业，可谓水到渠成。

结语：明代文学家谢榛对文章的开头和结尾的评述是，“起句当如爆竹，骤响易彻；结句当如撞钟，清音有余”，教师讲课也应该这样，一节课的结尾要给学生留下不绝于耳的清音、不绝于脑的思索。

六、体态语言的艺术

一节优秀的课堂教学，一次成功的口语交际，不仅得力于好的有声语言，也必然伴随着自然、得体的体态语言。体态语言运用的能力，既是一般口语交际的基本功，也是教师职业口语的基本功。

（一）教师体态语言的特点

教师体态语言有其独特之处，其主要特点如下。

1. 辅助性

教师体态语言的表达，大部分不是取代口语，而是辅助口语表达引起学生的注意，增强口语表达的说服力和感染力，给人留下深刻的印象。在课堂教学中，如果只有口语而没有体态语言，那么师生双方的交流将极度乏味。

根据体态语言专家的研究表明，这种辅助性表达的总体效果往往占主要的地位。

当然，教师体态语言辅助作用的发挥依赖于它的伴随性，即体态语言的表达要与口语表达协调、一致，要符合口语表达的特点、情境，否则会出现莫名其妙的怪动作，使得教师的教学显得滑稽可笑。

2. 有意性

教师与一般工作人员的体态语言应有明显的区别。一般工作人员，在日常生活及工作中使用体态语言有相当大的随意性，例如：见到熟人，习惯地、随意地露出笑容以示好感，与人交谈随意打手势，没有经过精心设计。教师则不然，教师在教学中始终处于众多学生视线的焦点，他的一举一动、一颦一笑无不影响着学生的情绪，给教学带来影响。因此，教师对自己的体态语言应随时加以注意，表现出突出的“有意性”特点。实践证明，有意地对体态语言进行设计并在实际中恰当运用，能够收到良好的教学效果；反之，会大大影响教学效果。教师体态语言的有意性，主要体现在以下两个方面。

1）课前精心设计

大部分教师在备课时总要结合授课内容设计自己的体态语言的基调，并对一些重要的体态语言预先进行推敲或练习。这种准备，保证了课堂教学中教师口语与体态语言的最佳结合，这也是一个教师驾驭教学走向成熟的表现。如：讲授《周总理，你在哪里》一文时，教师身着一套素装，胸前别着一朵小花，神情肃穆、步履沉稳地走进教室，随着录音机播放的悲壮音乐，怀着满腔激情开始朗诵课文……这种与课文契合无隙的体态语言，恰如其分地渲染出一种悲哀抑郁的气氛，生动地再现了人民想总理，人民爱总理，人民敬总理的情境。“未成曲调先有情”，还未开讲，就把学生带入一个特定的氛围之中，为教师成功地讲读课文进行了很好的铺垫。

2）随时加以调控

教师要根据教学需要有意识地调控自己的体态语言。高兴时喜笑颜开，沮丧时垂头丧气，生气时横眉冷眼，悲伤时目中含泪，这些是常人的体态语言，而教师要根据教学需要用理性之舵来控制感情。一个学生犯了严重的错误，需要进行批评教育，这时教师无论有什么高兴的事情，也不能喜形于色，表情必须要严肃，确立威严的体态语言基调；临近上课，教师即使心绪极其不佳，也要注意控制，要面带微笑地引导学生遨游知识海洋。

这里需要说明的是，教师体态语言的“有意性”与常人体态语言的“真实性”是不矛盾的，教师这一特殊职业所要求的“有意性”是一种职业修养，也是教师的基本素质。

3. 选择性

著名心理学家西格蒙德·弗洛伊德形象地说：“没有一个凡人能不泄露私情，即使他的嘴巴保持沉默，他的指尖却会喋喋不休地泄露天机。”教师只要走进教室，哪怕他没有讲话，他的体态语言便源源不断地将信息发出来，并被学生所感知，这就提醒教师要加强自身修养。

教学中教师不能没有选择地滥用体态语言，应尽量选择积极的体态语言，避免无意义的体态语言，克服消极的体态语言，以保证教师用最集中、精简的非语言行为，载最丰富的信息量，实现最优化的表达功能。

积极的体态语言是指能够支持或修饰口语讲授，强化授课效果，提高教学效率，有助于学生理解知识的疑点、难点，激发学生学习兴趣的体态语言。有经验的教师为自己塑造的形象总是端庄文雅、可亲可敬的，他们所运用的体态语言总是简约精当、内蕴丰富的，这与他们在长期的教学实践中对体态语言进行反复推敲是分不开的。“百人百性百脾气”，不同特点的教师应选择适合自己的积极的体态语言。

消极的体态语言是指非但不能强化教学效果反而会分散学生的注意力，影响其学习的体态语言。比如：教师边讲课边挖鼻孔、抠耳朵，或盯着天花板，或哈欠连天，或抓耳挠腮等。

无意义的体态语言则纯属教师个人的一些习惯动作。比如：有的教师在讲课时喜欢把手插在口袋里，或将双手撑在讲台上。这类体态语言一般不至于干扰讲课，但又没有多少实际意义。

4. 学科性

教师的体态语言具有较突出的学科性。不同的学科和教学内容，需要运用不同的体态语言。

一般来说，体育、舞蹈等技巧类或艺术类学科，教师体态语言的使用频率最高。在这类教学中，口头语言有时仅起提示、说明的作用，主要靠教师运用体态语言进行示范，以供学生模仿，学习。

语文、历史等学科，教师所使用的体态语言多具有较强的形象性，一般以模拟形象、再现情境、演示情节为主要特点。

数学、物理、化学等学科，教师所使用的体态语言具有较突出的说明色彩，以展示原理为主，其主要作用是化抽象为形象、化概括为具体，为学生理解枯燥的知识铺路搭桥。

（二）体态语言的运用技巧

英国心理学家米谢尔·阿盖依尔等人在1970年曾做过一个实验，发现当语言符号和非语言符号不一致时，人们相信的是非语言符号所代表的意义。

1. 眼神的运用艺术

眼睛是心灵的窗口。从一个人瞳孔的大小、眼睛的明暗、注视的时间等，可以看到他的内心世界。劳夫·爱默生说：“人的眼睛和舌头说的话一样多，不要字典，却能从眼睛的语言中了解一切。”所以，教师在课堂上艺术而又科学地用好眼睛，对于辅助教学语言，提高教学效率至关重要。

环视法：让每一个学生都感到教师在关注他，都沐浴在教师慈爱的目光中。

注视法：根据需要，专注一处，与个别学生进行非语言交流。

虚视法：似看非看，适用于自尊心较强、上课偶尔不认真的学生。

2. 表情的运用艺术

一个人的喜、怒、忧、思、悲、恐、惊，全都可以从面部表情上反映出来。据体态语言学者分析，以上7种面部语言是具有特殊作用的非语言交流的信号。著名作家罗曼·罗兰说："面部表情是多少世纪培养成功的语言，是比嘴里讲的复杂千百倍的语言。"比如，在学生回答问题后，教师同样说："坐下。"笑着说是对学生的赞许和鼓励，生气地说则是对学生的否定和不满意。在面部表情中，特别重要的是微笑的运用，它是一个人乐观、自信、积极向上的心理状态的反应。如果教师经常将微笑用到学生身上，也会使学生产生乐观、自信、积极向上的心态，所以一些教育家提出"用爱的微笑去征服学生的心灵"的理论。

3. 手势的运用艺术

在课堂教学中，教师要根据实际情况，有选择地运用各种手势。比如：提问时，教师可以把手往上一抬，示意学生站起来回答问题；学生回答完后，教师可以把手往下一压，示意学生坐下；讲到关键处，教师可用简明有力的手势（如，挥手、指点等）突出教学内容的重点，强化学生对重点内容的识记。但要注意，手势运用不能过多过滥，否则就会显得不稳重，使人感到滑稽可笑。

4. 距离的运用艺术

人际间的距离也有信息意义，是一种无声的语言。在课堂上，教师与学生的距离不同，给学生的感觉也不同。一项研究表明，当教师站在距学生2～3.5米远的地方，就会产生一种控制效应。一般情况下，教师如果站在讲台上，配以眼神、表情、手势等体态语言，就可以控制全班。如果某些学生不注意听讲，或出现违纪的现象，教师可以走到这些学生附近，对他们产生一种威慑，虽不说一句话，也可以达到维持课堂秩序的目的。有时出于教学的需要，教师也可以走下讲台，进入学生的"空间领域"讲课，这样可以缩短师生之间的心理距离，融洽师生之间的感情，收到较好的教学效果。

5. 举止的运用艺术

举止是指人的身体动作，也是表达体态语言的一种信息系统。英国哲学家弗朗西斯·培根说，相貌的美高于色泽的美，而秀雅合适的动作美，又高于相貌的美。在课堂教学中，如果教师举止得体、高雅大方，不仅可以表现自己的修养、气质、风度，还可以增强教学的感染力，吸引学生的注意力，起到"无声胜有声"的作用。

【请求】读一读下面几句话，请你设计恰当的手势。

①大家安静，安静！

②我讲的这一点特别重要，你们一定要重视！

③这么一讲，我们不就完全明白了吗？

④注意，有一点我们切不可大意！

⑤有人想这么办，这是触犯法律的，是绝对不行的！

第三节 教学技巧

> 我认为，高等师范院校应当用其他的方法来培养我们的教师。如：怎样站，怎样坐，怎样从桌子旁边的椅子上站起来，怎样提高声调，怎样笑和怎样看等“细微末节”。……如果没有这些技巧，那就不能成为一个好教师。
>
> ——马卡连柯

课堂教学的语言不同于其他场合的语言，具有独特的表达方式和特点。教师在课堂教学中运用语言的能力与教学效果有着密切的关系。苏霍姆林斯基说：“教师高度的语言修养，在极大程度上决定着学生在课堂上脑力劳动的效率。”从某种意义上说，课堂教学的语言艺术首先是教师的语言艺术。

1. 修辞技巧

在教学过程中，教师要善于运用比喻、借代、夸张、双关、反语、对偶、排比等修辞方式，增强语言的表现力和感染力。

如：有位化学教师在讲课时，把剧烈燃烧称为“轰轰烈烈地氧化”，把溶液中的氧化还原反应称为“静悄悄地氧化”，比喻贴切，形象逼真，使学生容易记住。

2. 变调技巧

教师根据教学内容和课堂教学的实际情况不断变换语调，吸引学生注意。平直不变的语调是无法让学生体会到学习的快乐的。

例如，明代医药学家李时珍，在研究古书时，发现诸家说法不一、相互矛盾之处甚多，他定“采其精华”“正其谬谈”，使之“是非有归”。他对 1 000 多种药物重新做出了科学定论，在《本草纲目》中增添了新药 300 多种、新药方 8 000 多条，使《本草纲目》成为名副其实的药物学瑰宝。(以此段话为例，进行各种技巧的示范讲解)

3. 停顿技巧

恰当的停顿能起到叙述清晰、引发思考的作用。

4. 节奏技巧

在教学中，教师要特别注意把握语言的节奏。好的节奏犹如优美的音乐，能使学生始终处于兴奋的学习状态；而单调的节奏，则很容易使学生的兴奋点降低，严重影响教学效果。

5. 重音技巧

适当的重音是提示学生注意，加深理解，强化记忆的手段。

6. 语气技巧

语气是情感的体现，运用适当的语气调动学生的学习兴趣，融洽课堂气氛，加强语言的表达效果。

7. 含蓄技巧

含蓄是教学语言成熟的一种表现。一般来说，教学语言准确、清楚较容易做到，形象生动就稍难一点，含蓄就更难了。含蓄之所以难，是因为含蓄语言对教师的要求高。教学时，教师既不能一语道破“天机”，又得让学生明白，还不能含糊其词，所谓言有尽而意无穷也。

8. 幽默技巧

幽默是一种教育艺术。幽默诙谐的语言可以增加课堂教学的趣味，使学生在看似说笑打趣中进行严肃认真的思考，从中受到启迪和教育。因而有人说，幽默是语言的调料，有了它，什么话都可以让人觉得醇香扑鼻。

一位教师在教育学生不要吸烟时，这样说：“提起吸烟，我认为至少有四大好处，一是可以防小偷，因为吸烟能引起深度剧咳，小偷怎敢上门？二是节省衣料，长期吸烟，会成为驼背，衣服可以做短一些；三是可以扮演包公，从小就开始吸烟，长大后脸色黄中带黑，扮演包公用不着化妆；四是永远不老，据医学记载，人的吸烟历史越长，寿命越短，寿命一短，当然活不到老。”

9. 引用技巧

教师上课时，要适当引用一些格言、警句、成语、典故、诗词、顺口溜、谚语等，使讲授生动有趣，让学生易于理解。

一位教师在讲遗传和变异时，引用了两句谚语：“老百姓常说，‘龙生龙，凤生凤，老鼠生来会打洞’，这是遗传；‘一娘生九子，九子各不同’，这是变异。”两句话把学生难以理解的概念说了出来，深入浅出、形象生动。

10. 翻新技巧

与引用不同，翻新是在名言警句的基础上进行适当改变，赋予其新意。

关于教学技巧，所涉内容颇多，本书仅略述一二，感兴趣的同学可参阅其他专业书籍。有志于从事师范教育的同学可参考本书中的口语训练方法，多做实践性的授课练习，欲为人师，必强其技。

三寸粉笔，三尺讲台系国运；
一颗丹心，一生秉烛铸民魂。

附录A 游戏参考答案

【游戏】前言-01 成语填空（参考）

说长道短　说东道西　说三道四　说千道万

说一不二　言三语四　吆五喝六　夹七夹八

百口莫辩　千夫所指　万马齐喑　众口铄金

上善若水　山高水远　滴水穿石　水到渠成

【游戏】1-01 成语填空

博学笃志　雄心壮志　豪情壮志　专心致志　志在千里　壮志凌云　志在必得

【游戏】1-02 短句填空

我的未来不是（梦），我认真地过（每一分钟）。这是一句歌词，更是一种（信念）。生命的辉煌在于日复一日的（奋斗）。既然选准了方向，那就（奋勇向前），每向前一步，便离（成功）更近了一步。

【游戏】1-03 诗词连线

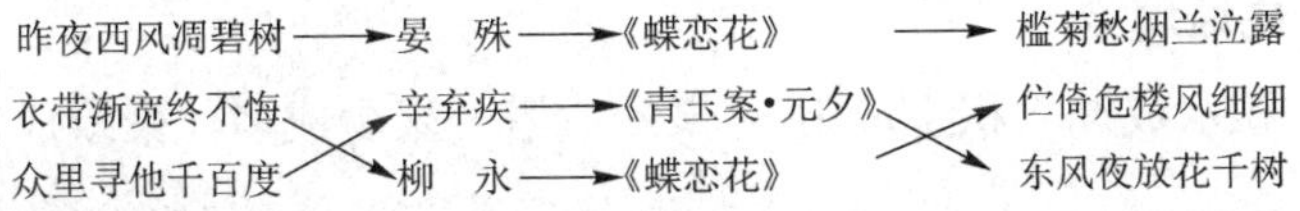

【游戏】1-04 诗词填空

有志者事竟成，破釜沉舟，百二秦关终属楚；（苦心人天不负，卧薪尝胆，三千越甲可吞吴）。

路漫漫其修远兮，（吾将上下而求索）。

问渠哪得清如许？（为有源头活水来）。

【游戏】1-05 成语连线

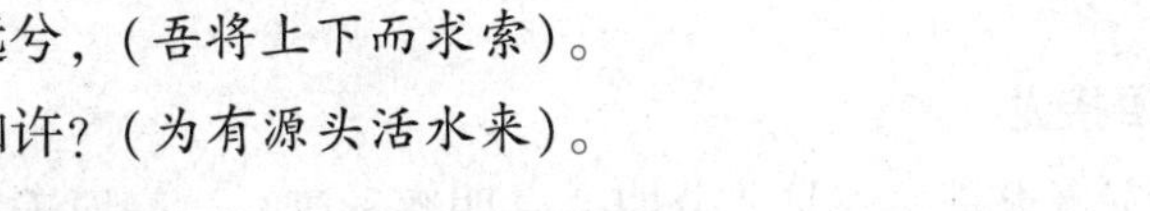

【游戏】1-06　诗词填空

面壁十年（图破壁，难酬蹈海亦英雄）。　怅寥廓，（问苍茫大地，谁主沉浮）？

暮色苍茫（看劲松，乱云飞渡仍从容）。　会当凌绝顶，（一览众山小）。

雄关漫道（真如铁，而今迈步从头越）。

【游戏】1-07　诗词填空

长风破浪（会有时），（直挂云帆）济沧海。

仰天大笑（出门去），（我辈岂是）蓬蒿人。

曾记否，（到中流击水），（浪遏飞舟）。

【游戏】1-08　成语填空

一（穷）二（白）　三（从）四（德）　五（颜）六（色）

七（上）八（下）　九（儒）十（丐）　百（媚）千（娇）

万（众）一（心）　千（钧）一（发）　百（里）（挑）一

【游戏】1-09　填空

美国成功学大师卡耐基认为：“一个人的成功，（15）%是靠他的专业知识，（85）%是靠他的口才交际能力。”

【游戏】1-10　打一字：谜。

词里有，诗里有，《论语》里也有，失东南西北方向。

【游戏】1-11　成语填空

一（　）二（　）　穷 白　来 去　清 楚　石 鸟　干 净

一（　）两（　）　刀 断　举 得　身 役　身 头　心 用

【游戏】1-12　成语填空

积少成多　积水成渊　积土成山　聚沙成塔　聚少成多　聚蚊成雷

【游戏】2-01　诗词接龙

千山鸟飞（绝）知此事要躬（行）路难！行路难！多歧路，今安在？长风破浪会有（时）不利兮骓不逝。骓不逝兮可奈（何）当共剪西窗烛，却话巴山夜雨时。

【游戏】2-02　成语接龙

华而不实——实事求是——是非分明——明察秋毫——毫厘千里——

乘风破浪——浪子回头——头头是道——道听途说——说三道四——

【游戏】2-05　成语接龙

熟能生（巧）夺天（工/功）败垂（成）人之（美）不胜（收）揽人（心）想事（成）王败（寇）不可（玩）物丧（志）在千（里）应外（合）情（合）理

一言九（鼎）新革（故）旧不（弃）暗投（明）眸皓（齿）颊生（香）车宝（马）首是（瞻）前顾（后）来居（上）兵伐（谋）而后动

【游戏】2-06　诗词接龙

大漠孤烟（直）挂云帆济沧（海）上升（明）（月）几时有，把酒问青（天）将降大任于斯人也，必先苦其心（志）当存高远。

【游戏】2-07　成语接龙

一言九（鼎）新革（故）旧不（弃）暗投（明）眸皓（齿）颊生（香）车宝（马）首是（瞻）前顾（后）来居（上）兵伐（谋）而后（动）辄得（咎）由自（取）义成（仁）至义（尽）力而（为）富不（仁）人志（士）穷见（节）衣缩（食）古不（化）险为（夷）然不（屑）榆为（粥）少僧（多）歧亡（羊）入虎（口）不择（言）而有信

【游戏】2-08　成语接龙

一钱太（守）株待（兔）死狐（悲）欢离（合）纵连（横/衡）阳雁（断）织劝（学）富五（车）水马（龙）飞凤（舞）文弄（墨）守成（规）言矩步

【游戏】2-09　诗词填空

（长风破浪）会有时，直挂云帆济沧（海）阔凭鱼跃，天高任鸟（飞）流直下三千尺，疑是银河落九（天）生我材必有用，千金散尽还复来。

【游戏】3-01

C. 我自横刀向天笑（高声区，豪言壮语，慷慨激昂）

A. 我欲乘风归去（中声区，虽想快意人生，但有诸多顾虑）

B. 我本将心向明月（低声区，内心独白，伤感，无奈）

【游戏】3-02　诗词填空

我住（长江）头，君住（长江）尾。日日思君不见君，共饮（长江）水。此水（几时）休，此恨（何时）已，只愿君心（似我心），定不负（相思意）。

【游戏】3-03　诗词填空

金樽清酒斗十千，玉盘珍羞直万钱。停杯投箸不能食，拔剑四顾心茫然。

欲渡黄河冰塞川，将登太行雪满山。闲来垂钓碧溪上，忽复乘舟梦日边。

行路难，行路难，多歧路，今安在？长风破浪会有时，直挂云帆济沧海。

【游戏】3-04　成语接龙

熟能生（巧）立名（目）不暇（接）二连（三）教九（流）连忘（返）璞归（真）材实（料）事如（神）机妙（算）无遗策

【游戏】3-05　对联填空

一条大路通（ 南北 ），两边小店卖（ 东西 ）。

一代文章推（ 子夜 ），毕生心血似（ 春蚕 ）

【游戏】3-07　填空

泡菜，也叫（辣白菜），是（朝鲜）族饮食中最有特色的一种（食品）。它以（大白菜）为主要食材，以（辣椒）、盐、水果等为配料进行腌制。

（毛豆腐）是安徽驰名中外的素食，经过（油煎）后，配上葱、姜、糖、盐、高汤、酱油等调味料烹调而成。在（油煎）的过程中，它的两面变成金黄色，出现虎皮斑纹，所以又被称为（虎皮毛豆腐）。食用时，配上（辣椒酱），鲜香味醇，爽辣可口，让人（食欲）大振。

【游戏】3-08　填空

1885 年 6 月 1 日，（法国）举行了一次国葬，有 200 万人参加，哀悼的既不是显赫的（法国国王），也不是战功（卓著）的将军元帅，而是（《巴黎圣母院》）的作者维克多 · 雨果——19 世纪伟大的浪漫主义（文学家）。

参考文献

[1] 马显彬. 教师语言学教程［M］. 广州：中山大学出版社，2000.
[2] 蒋同林，崔达送. 教师语言纲要［M］. 北京：华语教学出版社，2001.
[3] 刘伯奎. 教师口语：表述与训练［M］. 上海：华东师范大学出版社，2004.
[4] 方瑾. 说话的艺术［M］. 北京：企业管理出版社，2009.
[5] 彭小明，郑东辉. 课堂教学技能训练［M］. 北京：高等教育出版社，2012.
[6] 张笑恒. 季羡林的 16 堂智慧课［M］. 北京：中国财富出版社，2015.
[7] 中央电视台纪录频道. 舌尖上的中国Ⅰ［M］. 北京：中国广播电视出版社，2014.
[8] 宋其蕤，冯显灿. 教学言语学［M］. 广州：广东教育出版社，2000.
[9] 韦志成. 教学语言论［M］. 南宁：广西教育出版社，2001.
[10] 张颂. 播音创作基础［M］. 北京：中国传媒大学出版社，2011.